6歳までに知能を伸ばす方法

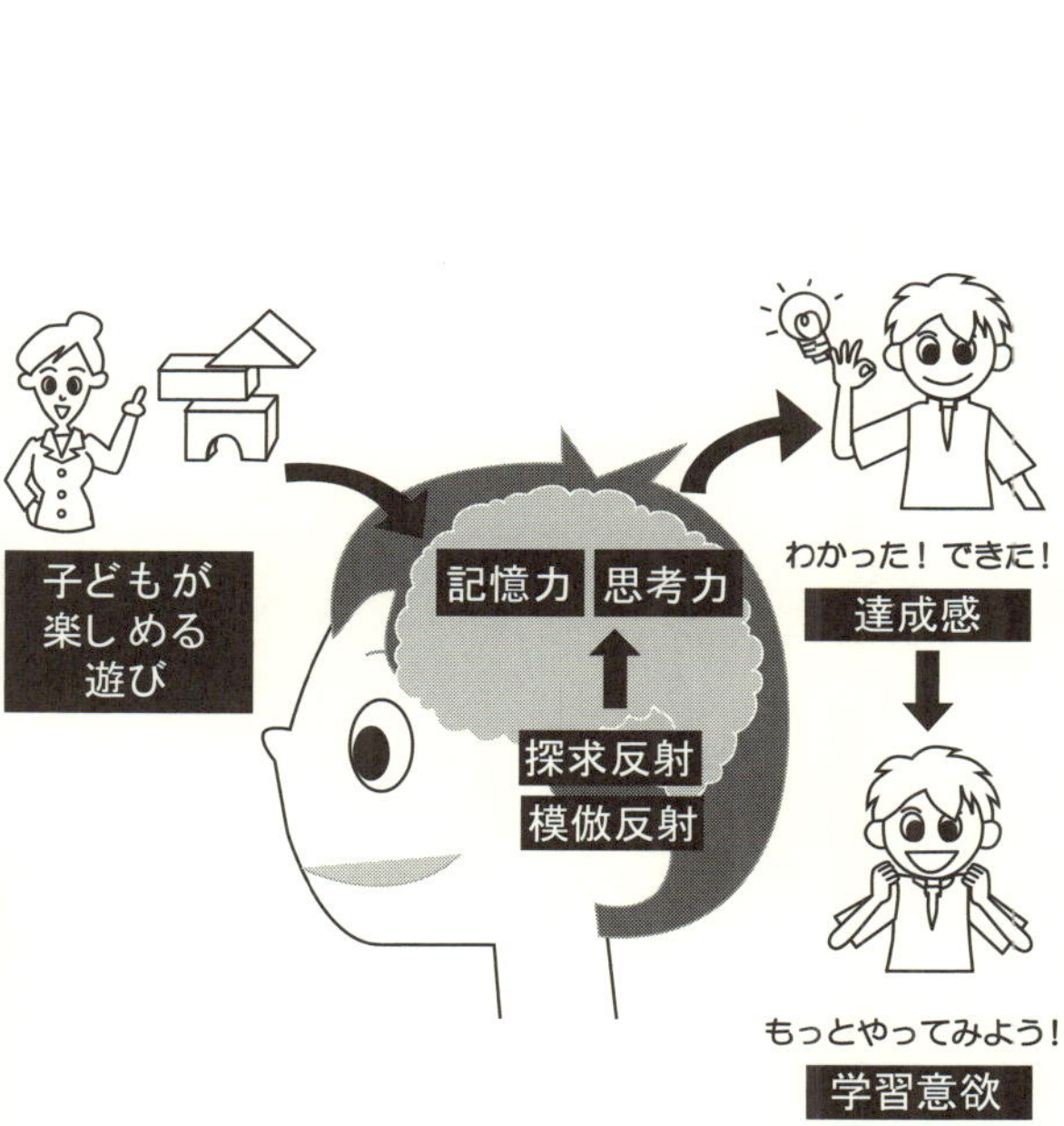

東京英才学院代表取締役
市川 創
Ichikawa Sou

文芸社

はじめに

皆さんは「知能」という言葉を聞いて何を思い浮かべますでしょうか？

例えば「あの子は知能が高い」とか「この子は知能が低い」などと言われても、実際には目に見えないものだし、どうやったら伸びるのだろう？　どうせ私の子だから知能は高くないだろう、そんなことを考えるのではないでしょうか。

本書では、知能は遺伝ではなく、環境によって大きく変わるものであるというお話をしています。また、残念ながら我々大人は伸びませんが、六歳までが知能が一番伸びる時期であるとも記しています。

あなたがまだ幼稚園に通っているお子さまをお持ちでしたら、是非本書を読んで、親子の接し方やご自宅での遊び方の参考にしていただけたらと思います。

幼児教育の目的を分類すると、幼稚園受験や小学校受験のための幼児教室、知育（知能教育）のための幼児教室、それと集団生活に慣れるためのプレスクールに分けられます。

私どもの東京英才学院は、その中の幼稚園・小学校受験コースと知能教育コースの両方を行っている教室になります。

教室にいて思うのは、知能教育を受けた子どもたちが受験を考え、受験対策を始めた時に、これまで知能教育をやってきて本当に良かったなあと感じます。それは、知能教育が子どもたちの頭を柔らかくし、応用力がきく、つまり「考える力」を養う教育だからだと思います。

六歳にも満たないような子どもたちへの教育ですから、無理やり詰め込むのではなく、「楽しみながら知能を伸ばす！」をモットーに取り組むのが良いでしょう。そして、子どもそれぞれの理解度に合わせたカリキュラムで、子どもたちの知的好奇心を刺激し、答えを教える遊び方ではなく、ヒントを与えながら「考える力」がつくように働きかけていくのが最良であると思います。

本書には、ご自宅でのお子さまとの遊び方、知能遊びのことも記していますので、本書をきっかけに「学ぶことの楽しさ」を親子で知っていただけたら幸いです。

株式会社東京英才学院　代表取締役　市川　創

6歳までに
知能を伸ばす方法

もくじ

第4章 指導課題① 図形 83

第5章　指導課題②　記号

第6章 指導課題③ 概念

第7章 創造力豊かな子に育てる！

第1章

知能指数の出し方

知能指数の計算式

皆さんは「ＩＱ」という言葉を聞いたことがあるでしょう。

ＩＱとは「Intelligence《インテリジェンス》 Quotient《クォーシャント》」の略で、インテリジェンスは「知能」、クォーシャントは「商、割り算、比率、割られて求められたもの」といった意味です。ですから、**ＩＱは**日本語で**「知能指数」**と表します。

では、その知能指数はどのような計算式で求められるのでしょうか。それは、

精神年齢÷生活年齢×１００＝知能指数

という計算式です。

「精神年齢」とは、ませているという意味ではなく、**頭の年齢、知能年齢**といったものです。そして**「生活年齢」とは、その子どもの実際の年齢**です。

例えば、四歳０ヶ月（四八ヶ月）のお子さまが知能テストを行ったとします。知能テス

トは年齢別（月齢別）に問題があるので、四歳０ヶ月（四八ヶ月）までの問題が解けたとしましょう。そうすると、知能指数は１００になります。

また、同じく四歳０ヶ月（四八ヶ月）の子が、五歳０ヶ月（六〇ヶ月）の問題まで解けたとすると、

60（知能テストで解けた問題数）÷48（当日の子どもの月齢）×１００＝１２５

知能指数は１２５ということになるわけです。

早生まれ、遅生まれは関係ない

知能テストの結果、しばしば「うちの子は早生まれだから知能が低いのかなぁ」などとおっしゃっているのを聞くことがありますが、それは誤りで、早生まれでも遅生まれでも、その**テストを行った時の年齢（月齢）で計算しますので、早生まれだから数字が低くなるといったことはありません。**

逆に、例えば四月生まれの子（遅生まれ）と二月生まれの子（早生まれ）が、知能テストの同じ問題までできたとしたら、早生まれの子の方が数字が大きく、つまり知能指数が高くなります。なぜならそれは生活年齢が低いからです。

二〇一六年五月に知能テストを行ったとします。

テストをするのは二〇一一年五月生まれのA君と、二〇一二年三月生まれのB君です。生まれた年は違えど、二人は同じ学年です。A君は五歳０ヶ月、月齢でいうと六〇ヶ月。B君は四歳と二ヶ月で、月齢五〇ヶ月です。

そして二人とも、六歳の問題まで解けたとします。七二問解けたということです。

◆A君の知能指数

72（知能テストで解けた問題数）÷60（当日の子どもの月齢）×100＝120

◆B君の知能指数

72（知能テストで解けた問題数）÷50（当日の子どもの月齢）×100＝144

という計算になり、早生まれのB君の方が知能指数が高いことになります。

知能指数の伸びの判断

では、「知能（指数）を伸ばす」こと、知能指数が伸びたか伸びなかったかを判断するには、どのような計算式で表すかを見ていきましょう。

ちなみに私ども東京英才学院の「ＩＱが伸びる英才コース」では、一年間でＩＱ（知能指数）が平均20弱伸びるというデータが出ています。

例えば入会の際に、四歳０ヶ月（四八ヶ月）のお子さまが知能テストを行ったら、五歳０ヶ月（六〇ヶ月）の問題までできたとします。四歳の時点で五歳の問題まで解けたということですから、頭の年齢が一歳上をいっていたということです。そうすると、その子のＩＱは、

60（知能テストで解けた問題数）÷48（当日の子どもの年齢）＝１２５

１２５ということになります。

教室に通う前から１２５も知能指数があるということは、日頃からお母さまがお子さまの知的好奇心を刺激するような遊びをやっていたということですね。どのような遊びをしていけばよいかは、あとの章でお話しします。

さて、教室に通い始めてから一年後に、また知能テストを行いました。

一年後ですから、子どもの年齢（月齢）は五歳0か月（六〇ヶ月）になっています。四歳の時に一歳上の五歳の問題まで解けたので、ここでもし仮に、同様に五歳の時に六歳の問題まで解けたとしても、知能指数は上がらないんですね。むしろ下がる形となります。

72（知能テストで解けた問題数：六歳の問題まで）÷60（一年後の子どもの月齢）×１００＝１２０

四歳の時に、実際の年齢より一歳上の五歳の問題まで解けた場合の知能指数は１２５でしたが、一年後の五歳の時に一歳上の六歳の問題まで解けた場合の知能指数は１２０となり、知能指数は下がってしまうのです。

では、知能指数を20伸ばすためには、何歳の問題まで解ければいいのでしょうか。

◆一年後の知能指数が20伸びるパターン

87（知能テストで解けた問題数）÷60（一年後の子どもの月齢）×１００＝１４５

一年後の五歳の時に八七問の問題が解ければ、知能指数は１４５になるわけです。八七問という数字は、七歳三ヶ月の問題まで解けるということです（一二ヶ月×七歳三ヶ月＝87）。

つまり、**四歳の時に五歳の問題まで解けた子は知能指数が１２５あり、一年後に知能指数を20伸ばすためには、五歳の時に七歳三ヶ月の問題まで解けないといけない**ということになるのです。

実際の年齢（月齢）が分母になるので、分母が増える以上に、分子である「解ける問題数」が上がっていかないと、知能指数が20伸びたことにはならないのです。

知能指数の七段階

下の表をご覧ください。

これは、知能指数によって知能の段階を七つに分けて表しているものです。「最優」は知能指数が１４０以上。「優」は１２４～１３９。「中の上」は１０８～１２３。「中」は92～１０７。「中の下」は76～91。「劣」は60～75。「最劣」は59以下となります。このように、七段階に分けて知能レベルを表すことができます。

知能段階

最優	優	中の上	中	中の下	劣	最劣
140以上	124～139	108～123	92～107	76～91	60～75	59以下

第2章

知能とは何か

知能因子論

知能は24に分けられる

本書の題名に「知能を伸ばす」とありますが、そもそも「知能」とはどういうものなのか、それがわからないと知能自体を伸ばすことはできません。まずは知能とはどういったものなのか、そこから話をしていきたいと思います。

下の表を見てください。

表の左上に「知能」という言葉が記載されていますが、まず、この表全体が「頭の中、知能」とイメージしてください。

知能因子論

知能			知能領域		
			図形	記号	概念
知能活動	記憶	記銘	1	2	3
		保持	4	5	6
		再生	7	8	9
	思考	受容的思考	10	11	12
		集中的思考	13	14	15
		転換的思考	16	17	18
		拡散的思考	19	20	21
		表現的思考	22	23	24

そして「24」という数字が一番右下にあります。これは知能を細分化すると24に分けられるということです。人によって得意不得意な分野があるので、「私はこの分野の知能は高いけれど、こちらの分野の知能は低い」などと、分類して表すことができる、そういう意味になります。

つまり、**「知能」は一つの大きなかたまりではなく、二四個の知能因子の集合体**だという意味です。

知能領域と知能活動

まず、二四個の知能因子がどのように細分化されるかを説明します。知能を大きく「知能領域」と「知能活動」の二つに分けます。二五頁の表で、横軸が知能領域、縦軸が知能活動です。

知能領域とは「人間がものを憶えたり考えたりする時に何を材料とするか」ということです。ですから、**材料の種類、情報の種類のこと**です。知能領域は大きく三つに分けることができます。

①**図形**（ものの形）
②**記号**（数・色・音）
③**概念**（言葉の意味）

知能活動とは「知能の働き」のことで、「憶えることと考えること」＝「記憶と思考」と定義しています。知能の働きには「記憶」と「思考」の二つがあります。

ということは、図形・記号・概念は、ものを考える時の材料の種類ですので、二五頁の知能因子論の表は、ものの形を材料にものを憶えたり考えたりする、数や色や音を材料にものを憶えたり考えたりする、言葉の意味でものを憶えたり考えたりする、と言い表せるということです。

例えば、皆さんの中にも数字を憶えるのが得意という方がいらっしゃると思いますが、私の友人にも電話番号を憶えるのが得意な人がおりました。昔は携帯電話なるものがなかったので、電話番号は手書きの電話帳に記していたわけですが、いちいち電話帳を見るのが面倒で、番号自体を暗記していたということなのです。そういう人というのは、数の記憶、記号の記憶という因子がとても優れているということです。

また、皆さんも学生の頃、歴史の年号を憶えた経験がありますよね。中には、年号という数字の記憶は苦手だからということで、「いい国つくろう鎌倉幕府」のように語呂合わせで憶えるやり方をした方もいらっしゃるでしょう。そのような方は、１１９２という「数字の記憶」が苦手だから語呂合わせ、つまり「言葉・概念の記憶」に置き換えて憶えているわけです。

　こうした方は「記号の記憶」よりも「概念による記憶」という知能因子がすごく長けているということです。知能因子論の表で言うと、「2・5・8」という知能因子よりも、「3・6・9」という知能因子の方が優れているということです。

　それでは、それぞれの知能因子を解説していきましょう。

知能因子論

知能			知能領域		
			図形	記号	概念
知能活動	記憶	記銘	1	2	3
		保持	4	5	6
		再生	7	8	9
	思考	受容的思考	10	11	12
		集中的思考	13	14	15
		転換的思考	16	17	18
		拡散的思考	19	20	21
		表現的思考	22	23	24

知能領域・図形
——ものの形

図形とは、ものの形のことです。

例えば、下のような絵を見せながら、「白い三角と黒い三角、どちらの方が大きいですか?」と、二歳の子に聞いたとします。

その子が、「どっちが大きいんだろう?」と考える時に、三角形という「図形」を材料としてものを考え、「黒い方が大きい」と答えるわけですから、これは図形的領域のことと言えます。

また、図形、ものの形とは、位置・方向・長さで決まります。

具体的には、円・三角形・四角形等の平面図形や、立方

白い三角と黒い三角、どちらの方が大きいですか?

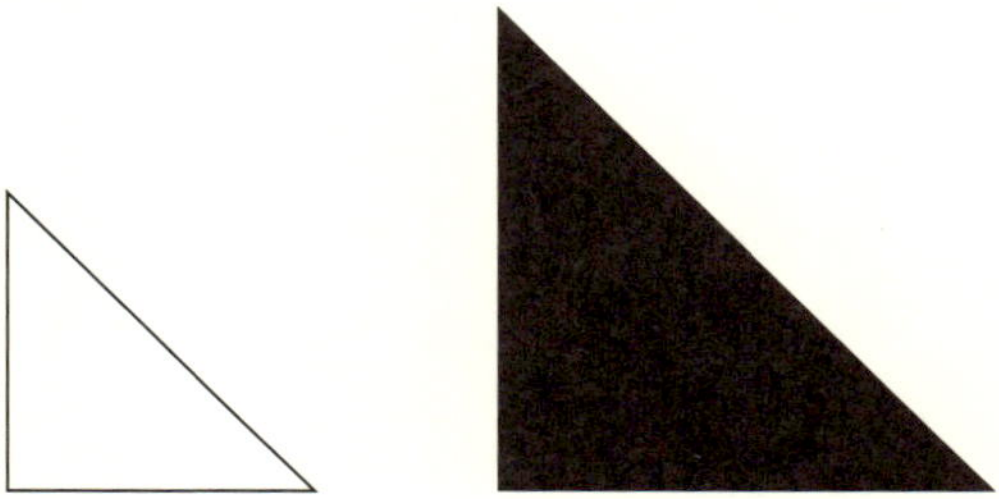

体・直方体・三角錐等の立体図形を、図形の領域としてあげることができます。

図形の領域を刺激する子どもの遊びとしては、粘土・積み木・ブロック・折り紙・あやとり等の遊びがあげられます。

学問的には、棒グラフ・円グラフ・列車のダイヤグラム・幾何学・建築設計・デッサン等も図形の領域と言えます。

知能領域・記号 ——数・色・音

記号とは、数や色や音のことです。

なかでも数について考えることが多く、子どもたちが「一つ、二つ、三つ……」と、いろいろなものを数えることから、数学・物理学・化学などが記号の領域としてあげられます。

また、**トランプ・すごろく・サイコロ遊び**・数のパズル・マージャン等も**記号の領域**です。

ほかには、ものを数えるだけでなく、音がいくつ鳴ったかを数えることや、色の系列を考える場合も記号の領域です。

例えば、「左側の部屋にはリンゴが六個あります。右側の部屋にはリンゴが四個あります。合わせるといくつになりますか？」

合わせるとリンゴは全部でいくつかな？

という問題の場合、子どもたちは数を材料に考えて「一〇個」という答えを出すわけですから、これは記号的領域の問題です。リンゴの形や図形を元に考えても一〇個という答えは出てきませんよね。

また、次の下のような課題も記号の領域です。

「空いているところには何色が入りますか?」

これは色の系列の課題です。

もし子どもたちがわからなかったら、先生は、

「黒・白・黒・白・黒・白・黒、次は何色かな?」

と声かけをします。声に出すことで、よりわかりやすく答えを導き出すことができます。

記号とは数や色や音のことですので、こういった規則性の課題も記号的領域と言えるわけです。

皆さん、「リトミック」という習い事をご存じでしょうか。お子さまと

空いているところには何色が入るかな？

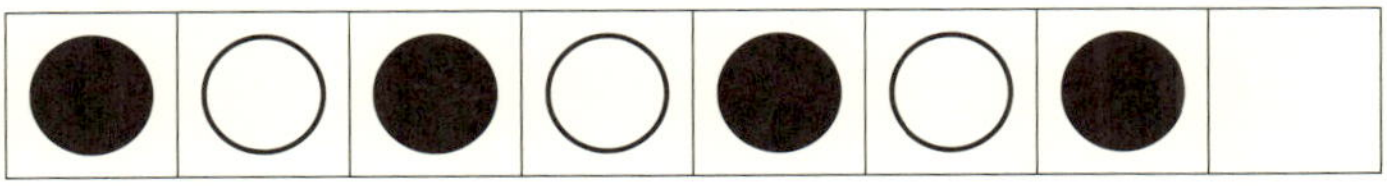

お母さまが一緒になって音楽に合わせて動いたり踊ったりするものですが、例えば先生が、「太鼓を二回鳴らしたら、前に進みましょう」や「タンバリンを三回叩いたら、後ろに下がりましょう」など、様々な指示を出して体を動かします。

これらをする時、子どもたちは、音や数を材料にものを考え、「前に進むだっけ？ それじゃあ進もう！」と行動に移すわけですから、これも記号の領域であるということです。

知能領域・概念——言葉の意味

概念とは、言葉の意味のことです。

例えば、子どもたちに「本とは、なんですか?」と尋ねると、「本にはね、いろんなお話があるんだよ」とか「本はね、紙でできているんだよ」などと答えてくれます。これは「本」というものが持っている言葉の意味でものを考え、答えているわけです。

では、「冬と夏の似ているところ（共通点）はどこですか?」という質問はどうでしょう。冬や夏には形や物はありません。そこで、冬・夏が持つ言葉の意味でものを考えて、「季節」「四季」という答えになるわけです。

子どもたちに「言葉の意味でものを考える」ということをさせる場合、いきなり言葉だけで「夏って知ってる?」「本って知ってる?」と教えていくのではなく、順序としては、まず「子どもたちに絵を見せ、ものの名称を憶えたり、ものの属性を理解したり、またはその絵を見て内容を把握してもらい、表現すること」から始めます。

例えば、このような感じです。下の絵カードを出しながら、

先生「これは何ですか?」

子ども「包丁です」①

先生「持つところは、何でできているか知ってる?」

子ども「木でできてる!」②

先生「どういう時に使うかな?」

子ども「お料理の時に使う!」③

先生「これはお料理の時、どうやって使うの?」

子ども「ママが大根切ったりする!」

先生「そうだね、お野菜を切ったりとかして使うんだよね」

このように、①名称を憶える、②③包丁が持つ属性を理解する。こういったことを概念と呼んでいます。

属性とは、そのものが持っている色や材質や機能や用途など、そのものが持っている性質のことです。

例えば、「にわとり」の絵カードを見て、鳥の仲間だとか、頭にとさかがついていると

か、卵を産むなど、「にわとり」というものが持っている性質、それらを属性と言います。決して見た目のことだけではないということです。

先生　「これ（左カード）、何しているところかな？」

子ども「女の子がいる」

先生　「これは何かな？」

子ども「ボール」

先生　「それじゃあ、何しているのかな？」

子ども「女の子がボールをついているとこ」

こういったことも概念となります。

ですから概念というのは、ものの名称や属性を理解するということだけでなく、絵を見てその内容を把握し、表現することも含まれます。

概念的領域を刺激する遊びには、絵本を読んだり、紙芝居を見たり、**カルタ・しりとり・なぞなぞ・クロスワード**などがあげられます。

知能活動・思考

——受容・集中・拡散・転換・表現

知能活動の「記憶」と「思考」について話を進めていきましょう。「記憶」よりも「思考」の方から先に説明していきます。

思考＝「ものを考える」と言いましても、様々な考え方がありますので、これを五つに分けて表します。

a　受容的思考
b　集中的思考
c　拡散的思考
d　転換的思考
e　表現的思考

ⓐ 受容的思考

受容的思考とは、外部の情報を正しく受け取れる能力のことで、認知能力や理解力のことです。

例えば、算数の文章問題。問題の意味は理解できるけれど、解けない場合、これは「受容」はしているということです。

「時速80㎞の電車が２００ｍのトンネルを通過するのに30秒かかりました。さて、電車の長さは何ｍでしょうか？」

この問題の意味はわかりますね。だから受容はしている、理解はしているということです。けれども解けない。解き方がわからない。これは受容的思考とは別の話で、のちほど出てくる集中的思考の話です。

幼児の場合、「左側の部屋にはリンゴが六個あります。右側の部屋にはリンゴが四個あります。どちらの部屋の方が、いくつ多いですか？」という問題があったとします。問題の意味はわかります。数の差を求めているのだな、と。Ａ君もＢ君も、問題の意味はわ

かったとします。しかし、

「どちらの部屋に、あといくつリンゴを増やすと同じになりますか？」

と尋ねると、A君はわかるけれども、B君はわからない。これも同じく数の差を聞いている問題です。

A君は両方とも理解し、B君はあとの問題の意味がわからなかった。とすると、A君とB君になんらかの能力の違いがあるから、B君はわからなかったわけです。それは単なる言葉の言い回しのせいでは？　と思われるかもしれませんが、それが理解力・認知能力の違いということになるわけです。ですからB君には、受容的思考をもう少し刺激した方がいいということになります。

「うちの子は噛み砕いてお話ししてあげないと理解できない」というお子さまには、受容的思考を刺激して

・どちらの部屋の方がいくつリンゴが多いですか？
・どちらの部屋にあといくつリンゴを増やしたら同じになりますか？

あげた方がいいわけです。お兄ちゃんやお姉ちゃんがいるお子さまは、受容的思考に長《た》けていることが多いです。それは日頃から、少し年上の子がしゃべるような言い回しに慣れていることが多いからです。

実はこの受容的思考とは、幼稚園受験、小学校受験ではすごく大切です。中学・高校・大学受験では、もちろん自分で問題文を読んで問題を解いていきますよね。けれど幼稚園・小学校受験というのは、問題文は先生が読みます。そしてそれを聞いて、子どもたちが問題を解いていきます。問題文は、一度しか読んでくれません。「先生もう一回読んで～」と言っても読んでもらえないのです。

つまり、「一回で指示を聞き取る」ということが大切になってくるのです。

ⓑ集中的思考

集中的思考とは、二つ以上の事柄から一つの結論を導き出す能力です。論理的思考とも言います。

例えば、「A＝B」「B＝C」「C＝D」という三つの条件があったとします。こういった二つ以上の条件から、「ゆえにA＝Dです」という一つの結論を導き出す、これが集中的思考、論理的思考になります。

「ゆえに」や「だから」といった思考形式、こういったものは論理的な考え方ですので、集中的思考となります。

これらを普段聞き慣れない「集中的思考」と、なぜ呼んでいるかと言いますと、下の絵を見ていただくと、「A＝D」のところに↓（矢印）が集中していますね。ですから集中的思考と呼んでいます。

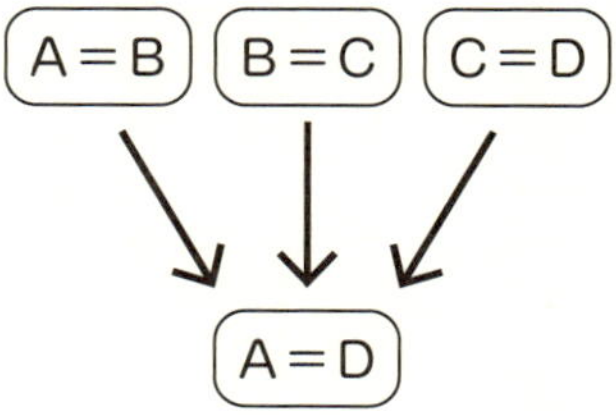

天気予報は集中的思考の結果、予想をしていると言えるのではないでしょうか。もちろん外れることもありますが、決してヤマカンではないですよね。

例えば、

①今日の気圧配置は西高東低です

②北海道の上空にはマイナス40℃の寒気団があります

こうした二つ以上の条件から「明日は北海道には雪が降るでしょう」という一つの結論

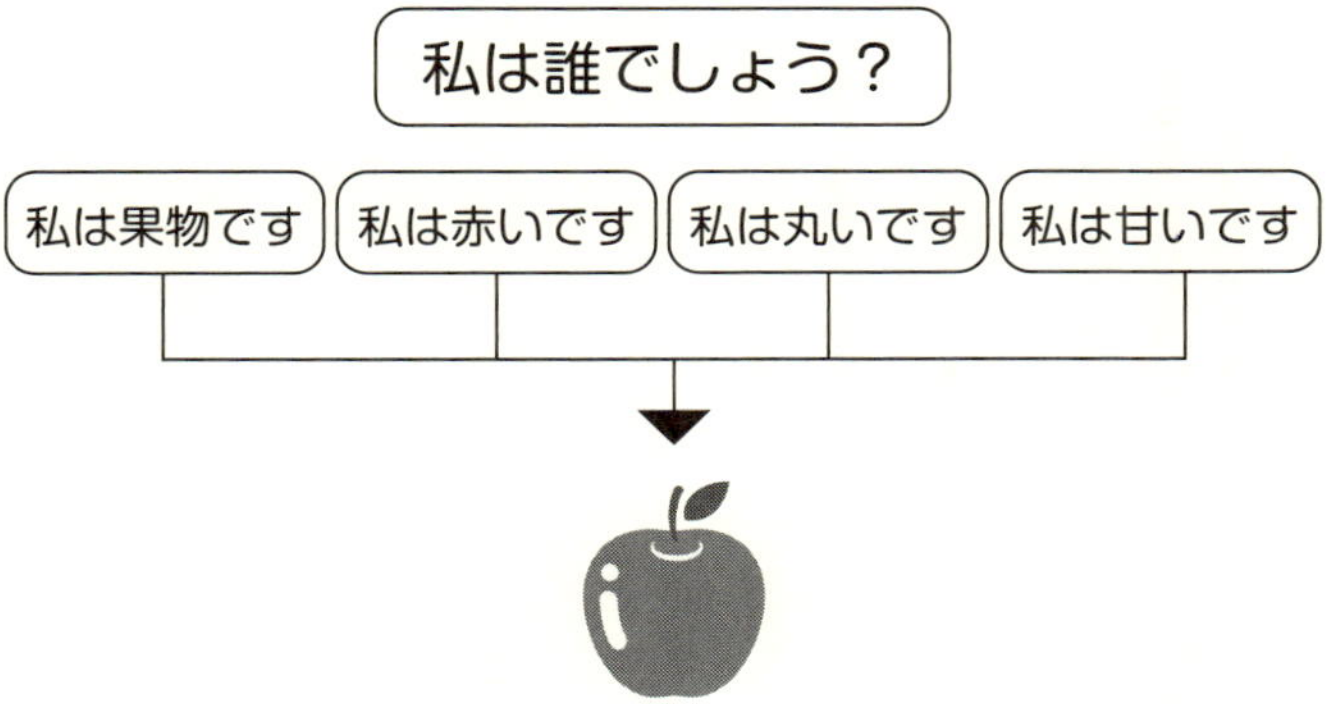

を導き出しているわけですから、集中的思考の結果、論理的思考の結果、予想をしていると言えるのではないでしょうか。

幼児の場合で考えてみましょう。

「私は果物です。私は赤いです。私は丸いです。私は甘いです。では、私は誰でしょうか？」と先生が尋ねます。すると子どもたちは、「先生、リンゴだー！」と答えてくれます。これは、果物という条件、赤いという条件、丸いという条件、甘いという条件、これら二つ以上の条件から「リンゴ」という一つの結論を導き出しているので、集中的思考という知能因子を働かせて答えを出していることになります。

「集中的思考」は、「集中力」とは異なります。集中力

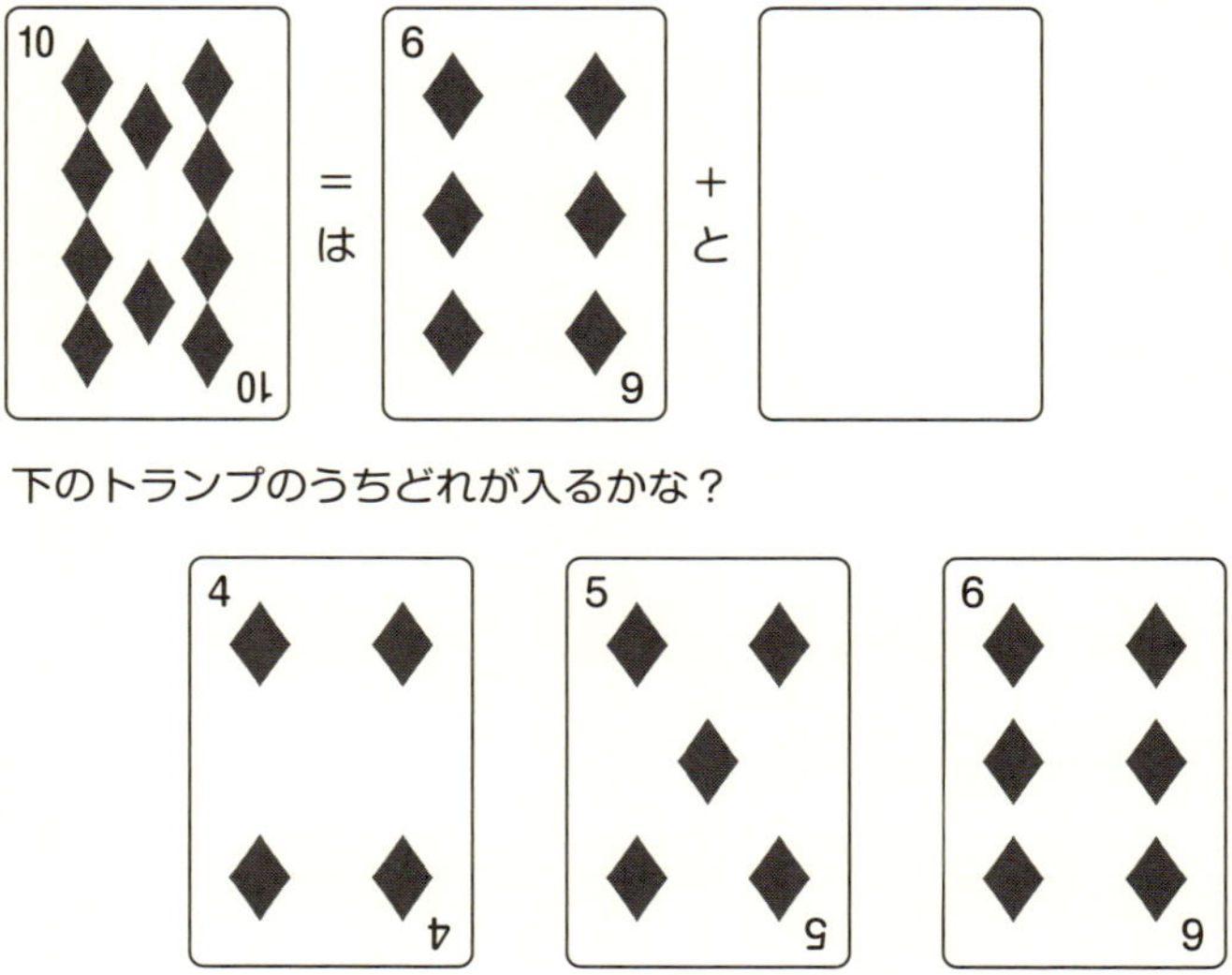

とは、「思考意欲や持続力のような、個人が持つ問題解決への態度」のことです。態度ですよね。ですから、「問題を解くために集中力を発揮する」というのと、「問題を解くために集中的思考を使う、論理的な考え方をして解く」というのはまったく異なること、別次元の話になりますので、混同しないようにお願いいたします。

　では、集中的思考の課題として、もう一つ例をあげましょう。

「左上にトランプがあるね。いくつかな？　そうだね、10だね。この10のトランプを、二つに分けたいと思います。6のトランプと、あといくつのトランプがあったら10に

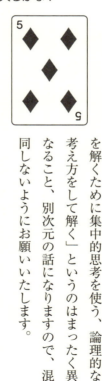

なるかな？　下のトランプから選びましょう」

　この課題は、「10を二つに分ける」という条件と、「そのうちの一枚は６である」という条件、こういった二つ以上の条件から、「答えは４のトランプ」という一つの結論を導き出しているわけですから、記号の集中的思考になります。二五頁の知能因子論の表では14番です。

Ⓒ 拡散的思考

拡散的思考とは、一つの事柄からいろいろな方面に思い巡らす能力で、連想力や思考の柔軟性のことです。


　これは、先ほどの集中的思考の反対、逆だと覚えるとわかりやすいでしょう。

　例えば子どもたちに、「『あ』のつく言葉をいっぱい言ってみて」と尋ねます。そうすると、「あさ・あき・あめ・あし・あり・あんこ」などが出てきます。「あ」がつく言葉を思い巡らし、「あ」からいろいろな方面に拡散するので、拡散的思考と呼んでいます。

「切るものと言えば？」と尋ねた時に、包丁・はさみ・のこぎり・カッターなどいろいろな方面に思い巡らす、こうした思考が拡散的思考です。

ここで誤解していただきたくないのが、「注意力が拡散する（散漫になる）」という場合の拡散。これは態度の問題ですので、拡散的思考と混同しないようにしましょう。

それではここで、皆さんに大人向けの拡散的思考の問題を出してみましょう。

「『ニンベン』の漢字を、できる限りたくさん書いてください」

どうでしょう。皆さん、書けましたか？　書いてから読み進めてください。

いくつくらい書けたでしょうか？　七つ以上の漢字が書けたら合格でしょう。新しい漢字を作るのはナシですよ。

では、どんな漢字があるか、列記していきましょう。

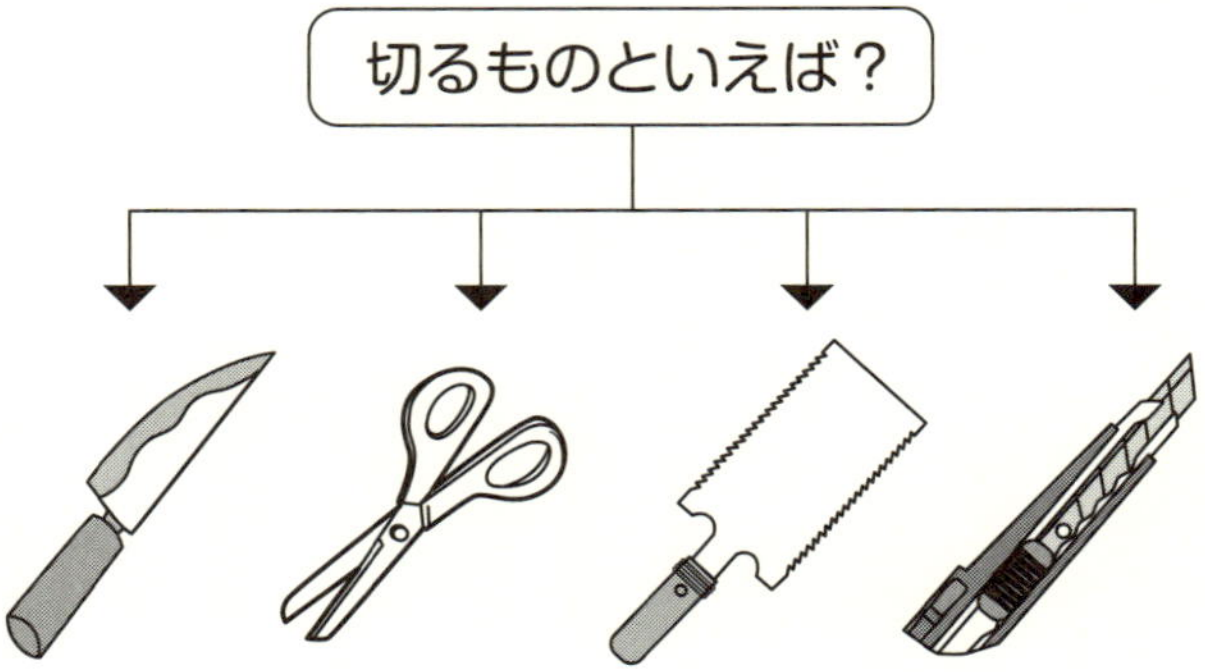

仏・化・仁・仕・代・付・仙・体・休・件・任・仮・伝・伊・似・位・住・低・他・仲・佐・作・佳・価・供・使・侍・例・係・俗・便・保・俺・個・借・値・倒・倍・健・側などなど、おそらくどれも皆さんの知っている漢字だと思います。それなのに六つ以下しか思い浮かばなかったとしたら、拡散的思考も大切だな、と感じていただけるかと思います。

先ほどの「あ」のつく言葉の問題で、「あし」しか思い浮かばなかった子がいたとします。「うちの子は、言葉をあまり知らないから出てこないのですよね」とおっしゃられるお母さまがいるかもしれません。確かにそれも理由の一つかもしれません。けれども皆さんも、「ニンベン」のつく漢字を二〇も三〇も知っているはずなのに、六つしか思い浮かばなかったとしたら、「言葉を知らない」などという知識的なことではなくて、知能の部分というのも大切なのではないかな、と思うわけです。ちなみに「ニンベン」のつく漢字を調べると全部で二〇〇字くらいありました。

皆さんの周りに「あるテーマについてアイデアをたくさん出せる人」がいたら、このような人は「拡散的思考がある人」と言うことができると思います。

では、拡散的思考の課題の例をあげてみましょう。

語頭すごろく

【遊び方】

すごろくのようにマス目を進んでいく。

通常のすごろくはサイコロを振り、出た目の数だけ進むが、このゲームは、ゲーム盤の真ん中に文字カードが裏返しに置いてあり、自分の順番になったらそれをめくる。例えば「ひ」という文字カードが出てきたら、頭に「ひ」がつく言葉を言って、その言葉の文字数だけ進むことができる（『ひなまつり』と言えたとしたら5マス進むことができる）。

そうやって早くゴールに着いた人が勝ち！

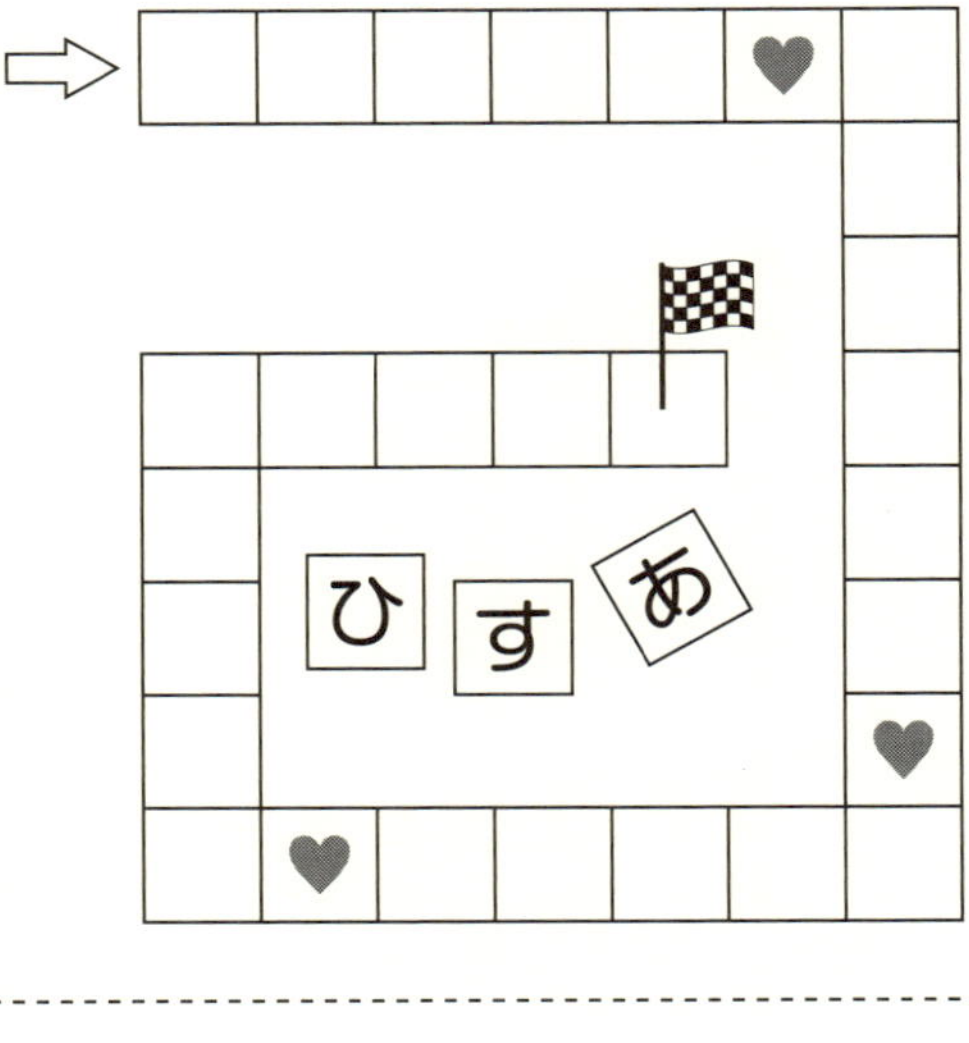

ⓓ 転換的思考

転換的思考とは、ある事柄を別の方面から見直す能力のことです。ひらめきや気づきのことです。

転換的思考のわかりやすい例は、皆さんご存じのニュートンが「万有引力の法則」を発見した時の話です。ニュートンは、「リンゴが木から落ちる」という、誰でも知っているまるで当たり前のことを、「地球とリンゴが引き合っている」と発想を転換して考えました。こうやって転換することで、地球には引力というものがあるのだ！　という万有引力の法則が生まれたわけです。

もう一つ、ドイツの数学者ガウスの話をご存じでしょうか。

一九世紀初頭、ガウスという数学者がいました。現在、磁力などの「ガウス」という単位があるように、自分の名前が単位になってしまうくらい立派な数学者です。そんな彼は、子どもの頃（小学校の低学年くらい）から神童のように賢かったというお話です。

ある日、学校で先生が調べものがあるので、子どもたちに自習をさせようと思いました。

自習の間に何か課題を与えておこうと考え、「１から１００までの数字を足したら、いくつになるかな？　みんな考えておいてね」という問題を出しました。１＋２＋３＋４＋５＋６＋７＋……子どもたちはこのように計算するのだから、自習するのに充分だろう、その間に調べものを終えてしまおうと考えました。

　ところが、五分もたたないうちに「これ、わかったよ！」とできた子がいました。それがガウス少年だったのです。

　ガウス少年は、「１から１００までの合計は５０５０でしょ！」と一発で答えを出したのでした。

　では、ガウス少年はどのように答えを導き出したのでしょうか。

　１から１００までの数字を横並びにします。そして、両端同士の数字を足していくと、

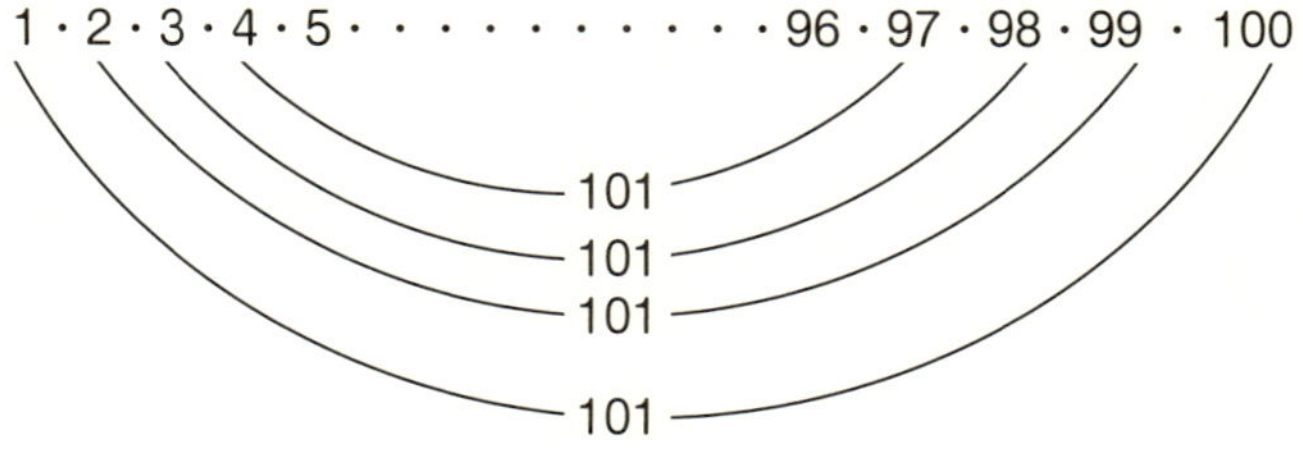

1＋100＝101, 2＋99＝101, 3＋98＝101, 4＋97＝101……50＋51＝101

と、「１０１」になる組み合わせが五〇個できるということに気づいたのです。だから、

101×50＝5050

ガウス少年は、先生から「１から１００までの数字を足して」と言われたのに、「足し算しなくても、掛け算すればすぐ答えが出る！」と発想の転換をしたわけです。

これはまさに、ある事柄を別の方面から見直す能力であり、転換的思考の典型的な例と言えるでしょう。

このような話をしますと、「転換的思考は、天才児しか持っていない知能因子なのかな」と思われるかもしれませんが、そうではなく、こうした「ひらめき」「気づき」は身近なところでも起こりえるのです。

私も先日、「ちょっとしたひらめき」を感じたことがありました。

最近、体重が気になり出したので、毎朝体重計に乗っています。体重計の横には、卓上カレンダーを置き、その日の体重をカレンダーに書くようにしました。例えば、七月一日63・０kg、七月二日62・８kg、七月三日63・４kg……。

一ヶ月が終わって、自分としては、三〇日間のうち半分以上は「今日も体重が減ったなあ」という感覚があったので、ダイエットは成功していると思っていたのです。しかし、カレンダーの七月一日の体重と七月三一日の体重を見比べると、「あれ？　全然、体重が変わってない！」と気づきました。

「こんなに『体重が減ったなあ』という感覚を何日も味わっているのに、一ヶ月たっても変わってないじゃないか！」

7

日	月	火	水	木	金	土
				1 63.0	2 62.8	3 63.4
4 63.3	5 63.2	6 63.1	7 63.0	8 62.8	9 62.6	10 63.0
11 62.9	12 62.8	13 62.8	14 62.7	15 62.6	16 62.5	17 62.9
18 62.7	19 62.7	20 62.6	21 62.5	22 62.3	23 62.1	24 62.0
25 62.7	26 62.6	27 62.5	28 62.5	29 62.4	30 62.3	31 63.0

その原因を突き詰めようと、カレンダーに書かれた体重の数字の羅列をずっと見ていました。でも、いくら見ていてもなんだかわかりづらいのです。そこで、「あっ！　そうだ、これを折れ線グラフにしてみよう！」と思いつきました。

縦軸を体重、横軸を日付にして作り、グラフを分析すると、週末の金曜日に五日分減った体重を一気に取り戻すくらい体重が増えていることに気づいたのです。いわゆる〝花金〟の夜は、おいしいお酒とたくさんのおつまみを食べてしまっていたわけです。

　私としても週五日くらいは痩せたという感覚を持っていた――つまり一ヶ月のうちの二〇日間くらいは、「今日もちゃんと痩せているぞ。成功、成功」と思っていたわけですが、週末、つまり一週間のうちのたった一日で、体重を戻してしまっていたのですね。

　このエピソードは、**知能としては、「体重という数字の羅列」を「折れ線グラフ」に転換した、記号を図形に置き換えると一目でわかるのではないかと考えた**ということです。それはちょっとしたひらめき、発見であり、**転換的思考**を使ったと自負しているところです。

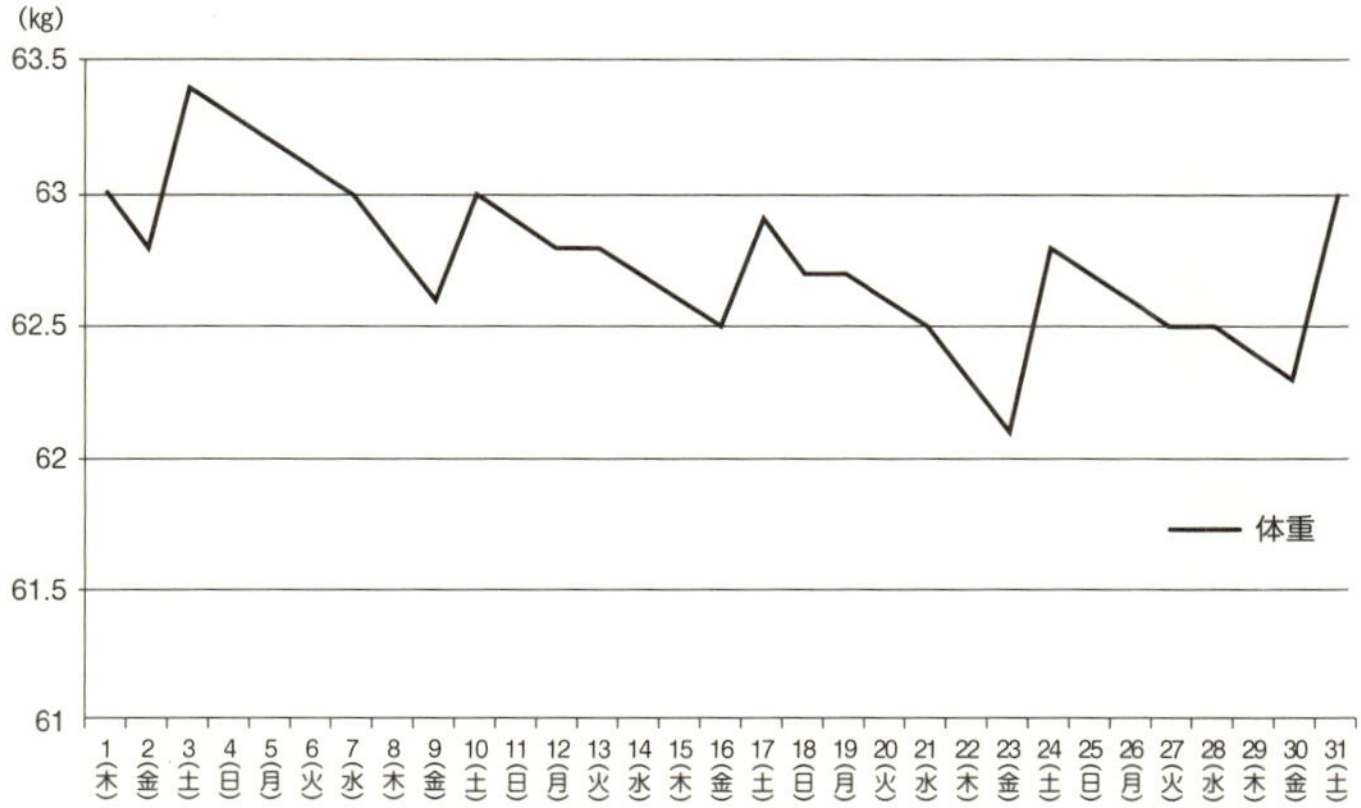

e 表現的思考

表現的思考とは、内部の情報を的確に外部に表現する能力です。内部の情報とは自分でわかっていること、それを上手に話ができるかということです。

お母さまが「うちの子はわかっているんですけど、先生の前だとうまくお話ができないんですよね」とおっしゃられることがあります。

これは、表現的思考といった知能因子をもう少し刺激しなければいけないということになります。

例えば、「下の四枚の絵をお話の順番になるように並び替えましょう」と言った時に、その子がちゃんと順番通りに並び替えられたとします。

「そうだね、よくできたね。それでは、どんなお話なのか、先生に教えて下さい」

と尋ねてみます。そうすると、

お話の順番になるように並び替えましょう。

「女の子が起きた。ママとバイバイしている」

これでは少し物足りないですよね。例えば、

「まゆみちゃんは朝になったので目を覚ましました。外はすごく晴れています。ベッドから起きてパジャマからお洋服にお着替えをします。そして帽子をかぶり、カバンを持ちます。玄関でママに『行ってきます！』と言ってお外に出かけていきました」

こんなふうにお話をしてくれると素晴らしいですよね。ここまで上手にお話ができなかったとしても、前者の答えよりは良いでしょう。

でも最初の子も、並び替えることができたということは自分でちゃんとわかっているわけです。受容をして論理的に考え、集中的思考を使って並び替えたわけです。ですので、この子には表現的思考をもう少し刺激してあげましょうということになります。

表現的思考を刺激する時に、子どもたちにはよく「今度はたかし君が先生役をやって問題を出してよ」などと言って、子どもにお話をしてもらったりします。

また、ご自宅では幼稚園から帰ってきたら、幼稚園での出来事をいっぱいお話ししてもらうのも良いでしょう。

知能活動・記憶 ——記銘・保持・再生

記憶は三つに分けることができます。**記銘・保持・再生**という働きです。

記銘とは、憶えようとしてその場ですぐ憶えることです。

保持とは、憶えたものをいつまでも憶えていることです。

再生とは、憶えていることを思い出すことです。

例えば、その場ですぐ憶えられるというのは「記銘力」がいいということです。けれども、一晩たつとすぐ忘れてしまうのであれば、これは「保持力」が悪いということになります。

私の場合、学生の頃はテスト勉強といえば、ほとんど一夜漬けでした。一夜漬けというのは記銘力です。その場ですぐに憶えられるか、記銘力がどれだけあるかによって、テスト結果が上下動するのです。

一夜漬けで憶えたことは、時間がたつとだいたいすぐに忘れてしまい、保持力が悪い傾向があります。皆さんも、一夜漬けで憶えた知識はあまり記憶の中に残っていないのではないでしょうか。

また、こういうこともあります。その場ではなかなか憶えられない＝記銘力が悪い。けれども、一度憶えるとなかなか忘れない。これは保持力がいいということです。

また例えば、街で人と目が合って「こんにちは」と挨拶されました。挨拶されたから自分もとりあえず「こんにちは」と挨拶したけれど、顔は知っているけれども名前が出てこない……そんな経験をしたことはありませんか？　これは再生力が衰えているということです。

そして、家に帰ってから、「あっ、さっきの人は山本さんだ」と思い出しました。これは、街で会った時は再生できなかったけれど、家に帰ってから再生ができたということです。街では、保持はしていたけれども、再生できなかったので、保持していても再生できないことがあると言えるわけです。これを、一般的には「ど忘れ」と言いますが、保持と再生は別物と考えることができるわけですね。

知能因子の例

ということで、知能因子論の表の周りの言葉はすべて説明しました。

中にある数字は、周りの言葉の組み合わせで言い表すことができます。

例えば、表内の19番は、図形の拡散的思考です。子どもたちに、いくつかの三角形のパズル片を渡して、「自分の好きなものを、たくさん作ってください」と言います。すると、ロケットやお魚などを作ってくれます。これは、図形という材料を使って、いろいろな方面に思いを巡らせて、好きな車を作ったり、お城を

知能因子論

知能			知能領域		
			図形	記号	概念
知能活動	記憶	記銘	1	2	3
		保持	4	5	6
		再生	7	8	9
	思考	受容的思考	10	11	12
		集中的思考	13	14	15
		転換的思考	16	17	18
		拡散的思考	19	20	21
		表現的思考	22	23	24

作ったりするわけですから、図形による拡散的思考になるわけです。

一見、たいしたことはないようなことに思えますが、最近の子どもたちの中には、指示待ち症候群とまで言うと言いすぎですが、意外と何も作れない子もいるのです。「先生、何作ればいいかな?」なんて聞いてくる子もいます。

三角使って好きな形を作る。
何を作ろうかな……。

日頃から、お母さまから言われたことしかやっていないのでしょうか。こういう子の場合は、お母さまはあまり口出しせず、自由に好きな遊びをさせてあげるといいかもしれませんね。

次頁を見て下さい。次は「上の四枚の三角を組み合わせて、下の形と同じ形を作りましょう」という問題です。これは表内の13番。図形の集中的思考です。論理的な考え方をして、下の形と同じ形を作るという一つの結論を導き出しているわけです。

ですから、**「知能領域」の図形・記号・概念は、教材にあたります。ご自宅での知育玩具としては、図形なら折り紙やパズルや積み木、記号ならトランプやすごろく、概念ならしりとりやなぞなぞや絵本などがあてはまるでしょう。それらを使って「知能活動」の記憶や思考を刺激しましょう。**

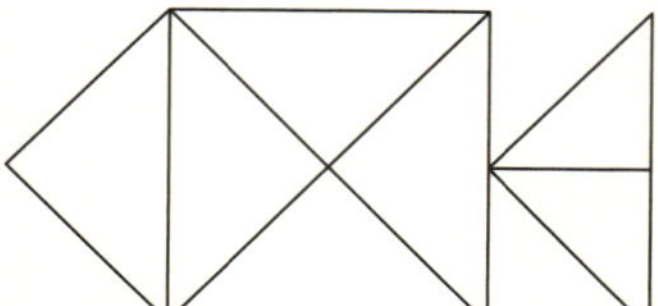

例えばトランプの神経衰弱は、記号の記憶、図形の記憶の知能因子を刺激する遊びになります。数・記号を憶えるだけでなく、カードの場所も記憶するので、図形の記憶にもなるのです。

三角4枚使って下と同じ形を作りましょう。

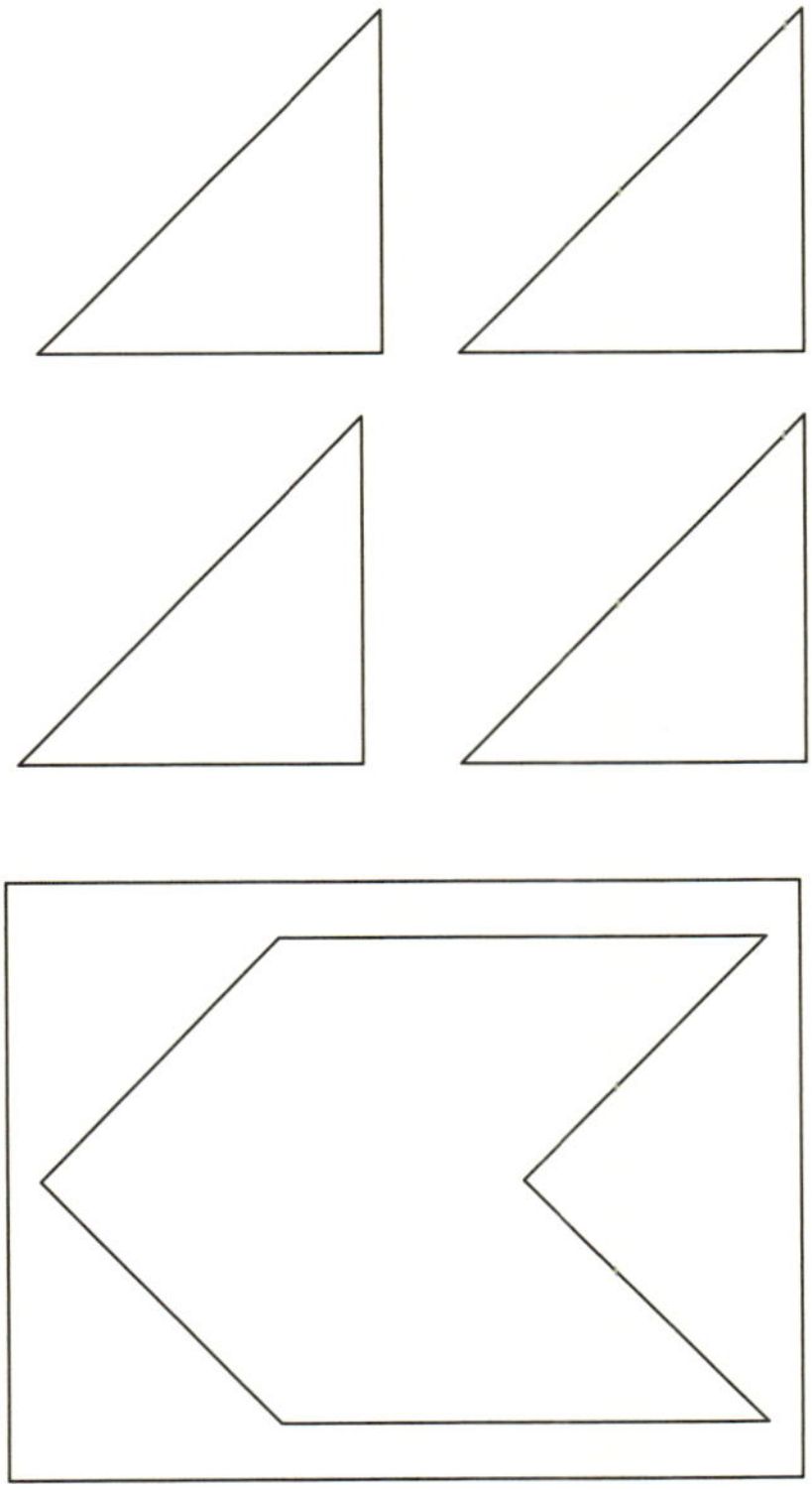

こうして頭の構造を分解して、24の知能因子に分けて子どもたちを見ると、「この子はどれが得意で、どれが不得意か」を見極めることができます。

一般的には**「男の子は図形が強く、女の子は概念が強い」**と言われます。それは、男の子は積み木遊びやパズル、電車や車など、形があるもので遊ぶことが好きだからだと思います。一方、女の子は、ごっこ遊びや絵本の読み聞かせ、しりとりなど、言葉を使った遊びをすることが多いからだと思います。大人でも、理系の女子は少ないですが、読書が好きな女性は多いですものね。

また、「C君は記憶力がいいよね」などのように、知能活動に関しても、それぞれのお子さまによって得手不得手があります。

実際に東京英才学院の**知能テストも、図形・記号・概念、そして思考・記憶の五つに分類して数字が出てきます。**

例えば、Bさんの知能指数が120だったとします。全体の数字は120なのですが、因子別に見ると、図形は110、記号は120、概念は130という形で、知能領域別に数字が出てくるのです。この三つの数字を平均すると、全体の知能指数である120になるわけです。

また知能活動も、記憶は130、思考は110という形で数字が出てきます。この二つを平均すると同様に120になるわけです。

こういった知能テストを行うことで、「Bさんは、概念は強いけど図形は弱いなあ。記憶力はあるけど思考力が……」ということがわかるわけです。

ではここで、この知能因子論を大人の職業でちょっと考えてみたいと思います。

弁護士さんや検察官というのは15番、概念の集中的思考が長けていると言っていいのではないでしょうか。なぜなら、動機や物的証拠、状況証拠などから、「ゆえに、あなたが犯人だ！」のように――ちょっとテレビの見すぎかもしれませんが――言葉の意味で非常に論理的に考えることが得意ですよね。

他には、サザンオールスターズの桑田佳祐さんは20番。記号（数・色・音）の拡散的思考が優れているのかもしれませんね。自ら作曲しているわけですから。

ということで、「知能とは何か」と問われたら、「憶える力、考える力」と定義づけてよいかと思います。あえて「おぼえる力」の漢字は「記憶」を連想させたいので、記憶の「憶」の字を使っています。

知能がグンと伸びるのは二歳から六歳

ここまでの話を総合すると、極端なことを言えば、幼児教育、知能教育というものは、子どもの将来を決めてしまうくらい大切なものであるということが言えると思います。

やはりお母さまとしては、「将来は子どもの好きなことをやらせてあげたい」と考える方が多いと思います。そのためには、子どもに将来のいろいろな選択肢を与えてあげることが親の務めなのではないでしょうか。ですから皆さんにも是非、知能教育の大切さを感じていただいて、今後の子育てに生かしていただけたらと思うのです。

次頁の下のグラフは「脳重量の発達曲線」と、ベイレイの「知能発達曲線」です。この二つのグラフを見比べてみましょう。

二つの曲線は非常に似通っています。ということは、知能の発達は脳重量の発達に置き換えることができるわけです。つまり、脳重量の発達に伴い、知能は発達しているのです。

ちなみに我々大人は、知能指数はもう伸びません。知能指数というのは八、九歳くらいまでで決まってしまいます。その中でも**二歳から六歳の間というのが、一番伸びる時期**と言われています。

人間の神経細胞（ニューロン）の数は生まれてから増えないことがわかっています。

神経細胞は外界から目や耳や手や鼻を通して入ってくる情報を受け取って、また別の神経細胞に送るなど、情報を処理する細胞です。

Aという神経細胞とBという神経細胞が結合することをシナップス結合と呼んでいます。シナップス結合をすることで神経回路が多くなり、いろいろな情報処理がスムーズにできるようになるわけです。

そしてその神経細胞の数は大人でも赤ちゃんでも一四

脳重量の発達曲線

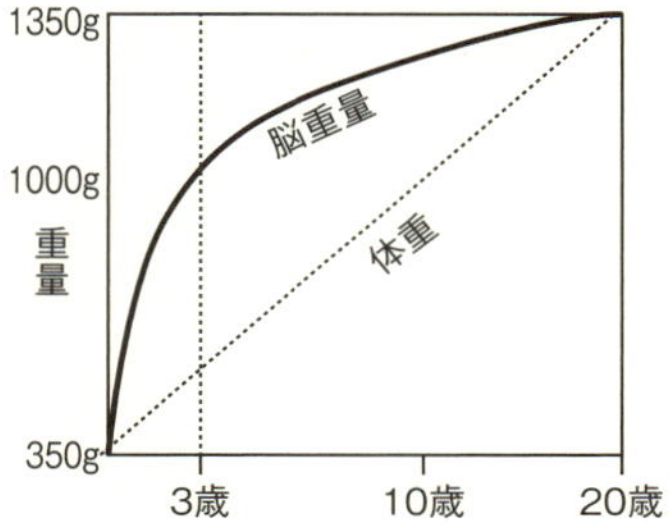

ベイレイの知能発達曲線

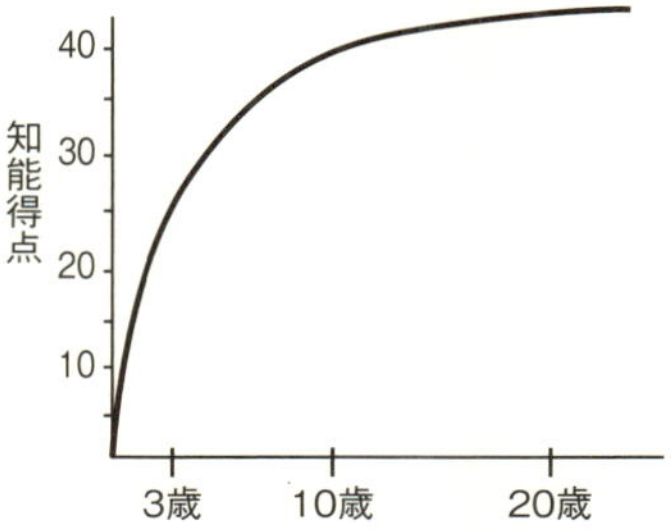

○億なのです。
しかし赤ちゃんの場合は、神経細胞の樹状突起や軸索の長さがまだ不充分で、まばらに散らばっているので、神経回路としてはわずかしかないわけです。

その回路が多くできると、脳機能が良くなり、つまり知能が発達することになるのです。

第3章

知能は遺伝で決まるのか

知能は環境によって大いに変わる

我が子の知能を伸ばそうと思った時、「私の子だから、そんなに賢くはならないだろうなぁ」などと謙遜される方はいらっしゃいませんか？　そういった方を勇気づけるお話をしていきたいと思います。

『野性の少年』の話を聞いたことがあるでしょうか。映画にもなっているのですが、一八〇〇年頃、フランスの森の中で野性の少年が発見されました。体の大きさなどから一二歳くらいと推定されましたが、誰に育てられたのかわからない、おそらく獣だろうということです。発見された時に少年は、上手に木に登ったり、四足で歩いたりしていました。調査の結果、少年は赤ちゃんの時に、両親に山に捨てられたのではないかということでした。少年は医師のイタール博士に預けられ、人間社会に適応できるように、歩き方や食事の仕方、言語などを教えられ、その後、推定四〇歳まで生きました。一生の間に十数語の言葉を理解したと言われています。なんだかすごい話ですが、本当にあった話です。

これは極端な例かもしれませんが、この野性の少年は、普通に育っていたら普通の生活を送っていたでしょう。いえ、もしかしたら天才の子どもだったのかもしれません。それなのに、こんなに少ない言語しか獲得することができなかったわけです。つまり、知能が低かったのです。

ということは、環境によって子どもの知能は大いに変わると言えるのではないでしょうか。そして、それには**一二歳という年齢では遅すぎる**ということがわかります。

それでは、次はもう少し身近な例のお話をしましょう。幼児期に良い環境で育てられたらどうなるか、という話です。

一九六九年、アメリカの教育学者エンゲルマンが発表したレポートです。

エンゲルマンは、とある保育園で子どもたち四三名を、実験グループ一五名と、対象グループ二八名に分け、二年間にわたって実験をしました。

実験グループにはエンゲルマン・ベッカープログラムという知能教育を施し、対象グループには通常の保育園のカリキュラムを施しました。そして二年間で知能指数（ＩＱ）がどれだけ変わるかを調べたのです。

最初に、どちらのグループも知能指数が平均95になるように子どもたちを分けています。すると二年後、実験グループは平均26くらい知能指数が伸びました。一方、対象グループの伸びは平均4ほどだったという結果が出ています。二つのグループには、二年間で20以上の差がついたのです。

実験グループの中には、ごく普通の親御さんの子もいたでしょうし、対象グループの中には、非常に賢いご両親を持つ子がいたかもしれません。それなのに二年間で20も知能指数の差が出てしまったのです。

つまり、**環境によって子どもたちの知能は変わる**のだということであり、それは幼児期の知能教育がいかに重要であるかということだと思います。

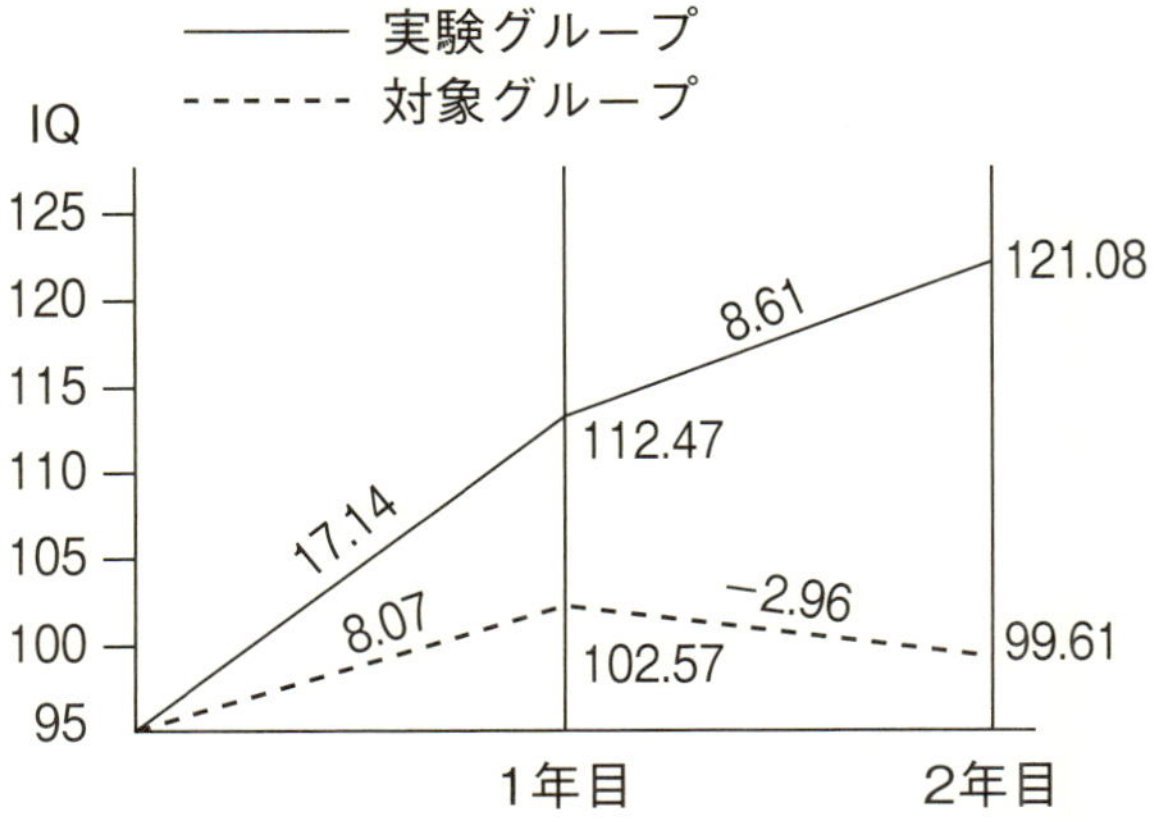

六歳からより二、三歳から

知能は環境によって大いに変わるということがわかりました。では、そういった知能教育を施すと、子どもたちに具体的にどのような数字の伸びが表れるのかを見ていきたいと思います。

表1は、東京英才学院で知能教育を受けた子どもたちの、「一年間知能教育を受けた時の知能指数の伸び」のデータです（二〇〇三～二〇一三年）。

二歳の子が入会した時、平均105・1の知能指数がありました。そして一年後に知能テストを行うと、その平均は128・9でした。サンプル数五七人の平均値だと、一年間で23・8知能指数が伸びたという結果が出ています。

表1　教育期間1年目における知能指数の伸び

	入会時	入会1年後	人数	伸び数
2歳	105.1	128.9	57	23.8
3歳	109.5	131.3	247	21.8
4歳	118.0	136.4	266	18.4
5歳	117.9	137.1	188	19.2
6歳	120.0	137.2	62	17.2
7歳以上	108.8	117.7	39	8.9
全体平均	113.2	131.4	859	18.2

表を棒グラフに表すと下の通りです。グラフが右肩下がりになっているのがわかります。つまり、**六歳からの一年間よりも、二歳、三歳からの一年間の方が大いに伸びている**ということがわかるのです。

表２（次頁）は、二年目以降どれだけ知能指数が変わっていったかというデータです。

二歳から在籍していたお子さまは、入会一年後（三歳）の時に、平均で１２８・９知能指数がありました。その子たちがさらにその一年後、つまり入会してから二年後（四歳）の時に知能指数をテストすると、平均１４０・６ありました。二年目の一年間に伸びた知能指数は平均11だったということです（※表１の二歳は五七人で、表２の三歳が四〇人になっているのは、知能テストをしなかったお子さま

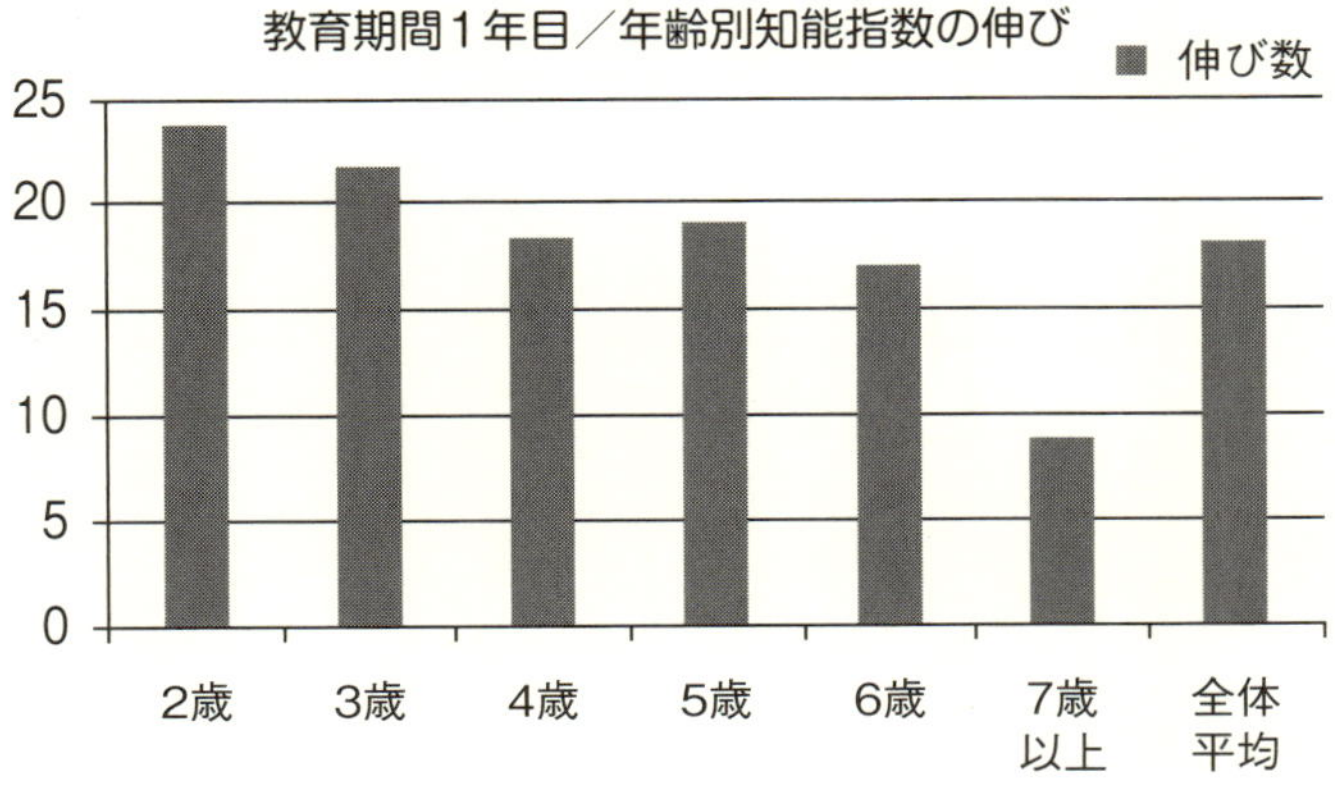

がいるからです)。

このデータから、一年目では20程度数字は伸びるけれど、二年目になると10程度しか伸びないということがわかります。知能教育を始める一年目は、非常に大切なのです。

表3は、二歳から六歳の子どもたちが、知能教育を始める年齢は違えど、一年間でどれだけ数字が伸び、累積二年間でどれだけ数字に変化が表れたかというデータです。

二年間知能教育を受けると、平均28・6の知能指数の伸びがあるという結果が出ています。知能指数が28・6違うということは、IQ100の子どもと130の子どもの違いということであり、これは大いに違います。

表2　教育期間2年目における知能指数の伸び

	入会1年後	入会2年後	人数	伸び数
3歳	128.9	140.6	40	11.7
4歳	131.3	142.3	146	11.0
5歳	136.4	146.4	119	10.0
6歳	137.1	146.0	52	8.9
全体平均	133.4	143.8	357	10.4

表3　教育期間別平均伸び数

	伸び数	人数	累積伸び数
教育期間1年目	18.2	859	18.2
教育期間2年目	10.4	357	28.6

東京英才学院では、小学生・中学生・高校生の学習塾も併設しています。そちらは知能教育ではなく、通常の勉強の学習塾です。そこでの授業では、基礎問題から始め、標準問題、発展問題と段階を上げて教えていきます。知能指数１３０のお子さまでは、スムーズにレベルを上げていけるのですが、時に、１００のお子さまでは、基本的な解き方を応用し発展問題に生かしていくのが……ということがあります。現場にいて、幼児期における知能教育の重要性をひしひしと感じているところです。

２年間の教育期間における年齢別知能指数の累積伸び数

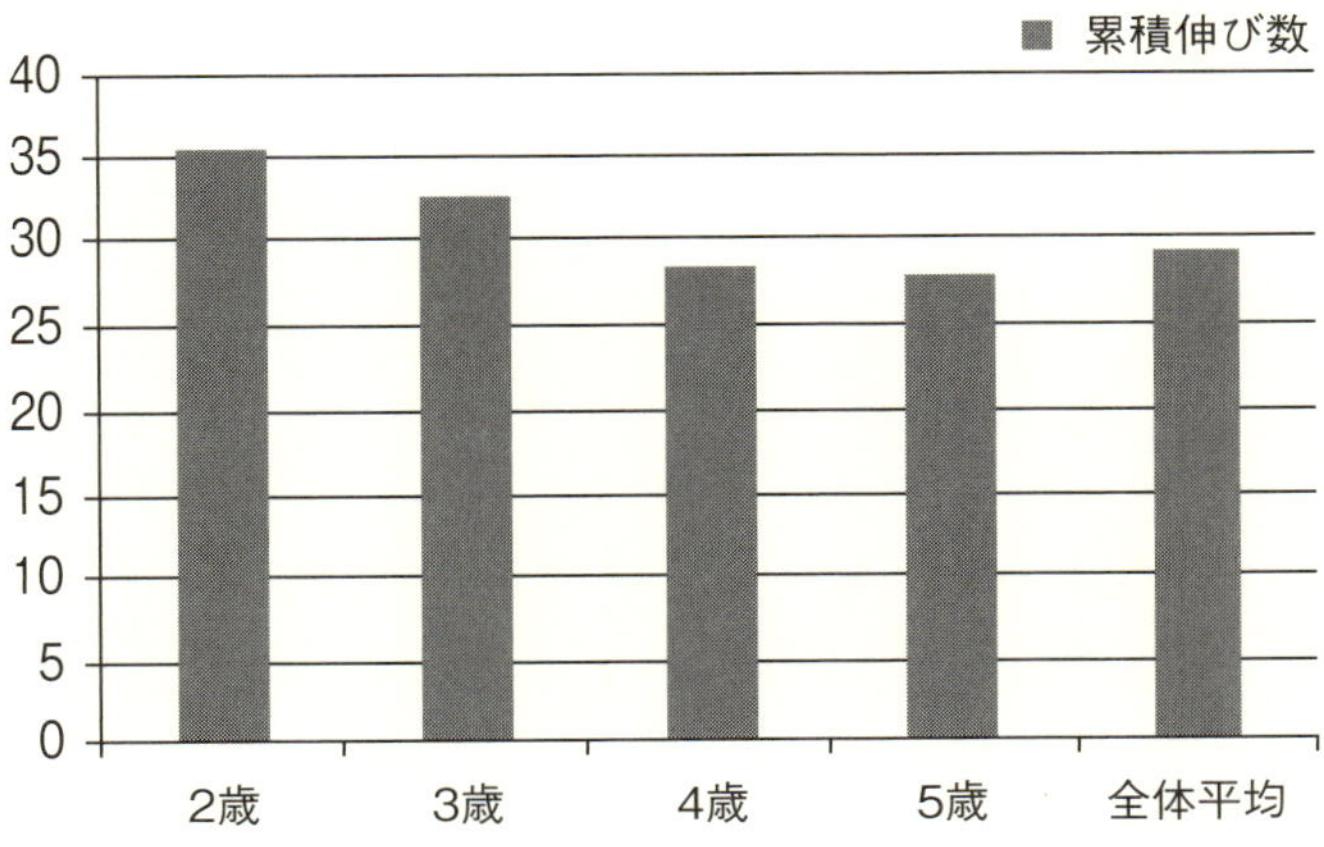

知能指数は八、九歳まで変動する

前章で、知能指数の伸びの臨界期は八、九歳だとお話ししましたが、これは、その年齢までに知能教育を行えば伸びるということだけでなく、二歳から三歳にかけて一年間知能教育をやっても、そのあと九歳まで何もしなければ、逆に知能が下がってしまうこともありうるということも意味しています。

つまり八、九歳まで、知能指数は変動するということなのです。

知能の臨界期は八、九歳。それまで知能教育をやり続け、知能指数を伸ばしましょう。その年齢まで知能指数は変動するので、下がることもありますから、継続して行っていきましょう。

知能が高いとどんな大人になる？

「うちの子は女の子だし、知能は高くなくても、人の痛みのわかる人になってくれれば」

「勉強ができなくても、心豊かな人間になってくれれば」

「学歴は高くなくても、思いやりのある人に育ってくれれば」

一般的にそんなふうに言われることがありますが、知能が高いことや勉強ができることと、「人の痛みのわかる人」「心豊かな人」「思いやりのある人」ということは、はたして相容れないものなのでしょうか。

そうではありません。知能が高くて「人の痛みのわかる人」「心豊かな人」「思いやりのある人」はたくさんいます。つまり、相容れないのではなく、並立し得るのです。

アメリカのスタンフォード大学のルイス・マディソン・ターマンは、スタンフォード・ビネー法の知能検査の考案者であり、知能指数という概念や知能検査を広めた心理学者です。彼は一九二〇年代に「天才児の縦断研究（追跡研究）」を行い、約一五〇〇人の英才児（ＩＱ１３８以上）を四〇年近くにわたって追跡調査し、英才児の特徴やその後の状態をまとめました。

それによると、**英才児は普通児より人格的にも優れ、社会的適応性も高い**ということがわかったのです。

追跡調査の結果、以下のような特性が見えてきました。

◆英才児は「誠実」「正直」「同情」「線の太さ」「私欲のなさ」「指導的才能」「人気」「責任感」「尊敬される」等の諸特性において普通児より優れている。

◆英才児は、活発な遊びを好み、好んで集団の中に入っていき、孤独を特に好むということはない。しかし他方、英才児は普通児より二人遊びを楽しむ傾向が強く、また遊びの種類が多い。

◆英才児は道徳的知識に優れ、社会的によく適応している。

◆英才児は遊びの規則について優れており、規則を必要とする遊びを好む。

◆英才児は遊びへの関心の成熟が早く、自分より年長児を友達に持つことが多い。

また、英才児の方が、一般の大学卒の人よりも年収が多いこともわかりました。

高知能グループの性格調査

東京英才学院では、二〇一六年に、高知能グループ（ＩＱ１４０以上）と、普通知能グループ（ＩＱ１０９以下）の性格検査を実施しました。その結果、次のような特徴があることがわかりました。

◆高知能グループの特徴

a. 情緒が安定している
b. 自制力がある
c. 自立している
d. 温和、理性的である
e. 社会性がある
f. 神経質ではない

g．自己顕示欲が少ない

以上のことにより、全般的に好ましい性格であることがわかります。

ＩＱ１５０と１００の子どもはどこが違うか

例えば学校の勉強に関して言えば、ＩＱ１００の子が一時間かけて解ける問題を、ＩＱ１５０の子は二〇分以内で楽々解くことができます。つまり、ＩＱが高ければ高いほど、受験勉強も短い時間で済み、余った時間を他のことのために使えるわけです。

様々な実験や調査の結果から考えると、知能が高いと性格的に何か欠落しているというより、むしろ人格的に優れ、社会適応力があると言えるのではないでしょうか。また、人間として好ましい性格を身につけることもできるわけです。

そしてその最大の特徴は、社会での選択肢が多いということです。

社会での選択肢が多いと、自分の思う道を進むことができます。つまり、幸せになれる可能性が高いわけです。

子を持つ親として、子どもの幸せを願うならば、子どもの知能を少しでも高くして、社会での選択肢を広げておきましょう。

第4章

指導課題①

図形

第四章から六章までは、図形・記号・概念の領域別の、具体的な指導課題を記していきます。

図形に関してはこの年齢の時にどれくらいできればいいのか、記号・数に関しては何歳くらいまでにいくつの数字まで理解しておけばいいのか、概念・言葉に関しても、どれくらいの言葉を理解し、使えるようになればいいのか、その目安や課題をお話ししていきたいと思います。

形の弁別 ——二、三歳までに○・△・□の弁別を

形には様々な形がありますが、**二、三歳までに○と△と□は弁別できるようにしておきましょう。**

パズルで、○のところに○の形のピースをはめたり、△のところに△の形のピースをはめたりします。最初に図形を始める時は、枠があるものでやっていくのが良いです。二、三歳のような小さい時期は、枠があった方がずれないので、子どもたちもやりやすいですし、ピッタリはまることで達成感も感じられるからです。

この場合の「弁別」とは、○と△がちゃんと一目で区別がつくということです。丸い枠に○のピースを最初から手に持ってはめるということです。△のピースを持って「あれ～はまらないなあ……。じゃあ、この○を入れてみよう！」ということではなく、最初から見た目で、枠の丸い形と同じ形のピースがどれかを見極められるということです。

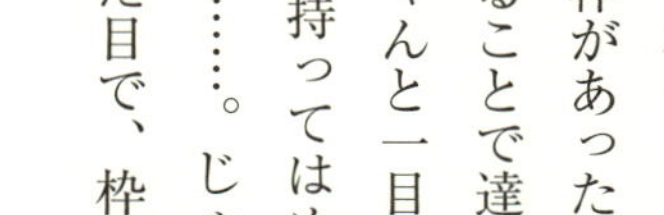

大きさの比較　――二つのどちらが大きいか

同じ形の大・小、二種類のピースの、どちらが大きいか、小さいかを比較する課題です。先ほどの「形の弁別」では、○・△・□を比較する時に、「角の数が違う」や「辺の数が違う」など明確に子どもに違いを伝えることができますが、大きさの違いはそれとは異なり、例えば、同じ△同士で比較するので、より難しくなります。

大きさの違う△ピースを重ねてみて、大きさの違いを理解していきましょう。

この大きさの比較の課題も、二、三歳からやっておきましょう。

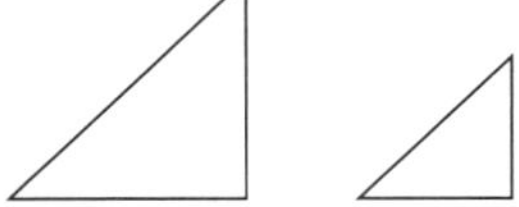

大きい順に並べよう

——三つ以上の比較

次は、同じ形の三種類以上の大きさを比較します。

子どもによってやり方を変えていきます。まず、大・中・小の三種類の△を見せて、「大きい順番に並べてみよう！」と言います。そして、「一番目はどれ？　じゃあ二番目は？」と尋ねます。その時に子どもが、「順番」の意味がわからなかったり、「何番目」という言葉が理解できていないと感じたら、方向転換です。

大・中・小の三種類の△を置き、

「どれが一番大きい？　そうだね、これ（大）だね」

と言って、大の△を横にずらします。

子どもの前には中・小の二つの△が残っています。

「どっちが大きい？　そうだね、これ（中）だね」

と言って、中の△を、大の△の横に置きます。

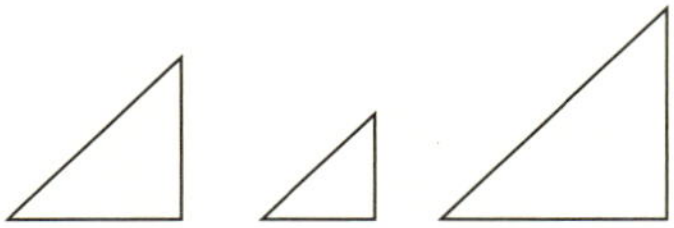

そして、大の△を指差して「これが一番大きい」。

中の△を指差して「これが次に大きいから、二番目に大きい」。

小の△を指差して「これが三番目に大きい」と言ってあげます。

つまり、二者択一の状況にして、「順番に大きい」ということを認識させるわけです。

同じ形の三つ以上のものの大きさを比較する時は、二者択一の状態にしてあげるとわかりやすいのです。

組み合わせていろいろな形を作ろう

❶ 直角二等辺三角形

図形には様々な形があります。

中でも一番簡単な形は○です。パズルのピースだと思って考えるとわかりますが、○だとクルクル回してもずっと同じに見えるからです。

そして、すべての形のポイントになるのが、三角形です。

中でも直角二等辺三角形が大切です。直角二等辺三角形は、様々な形の基本となる形だからです。

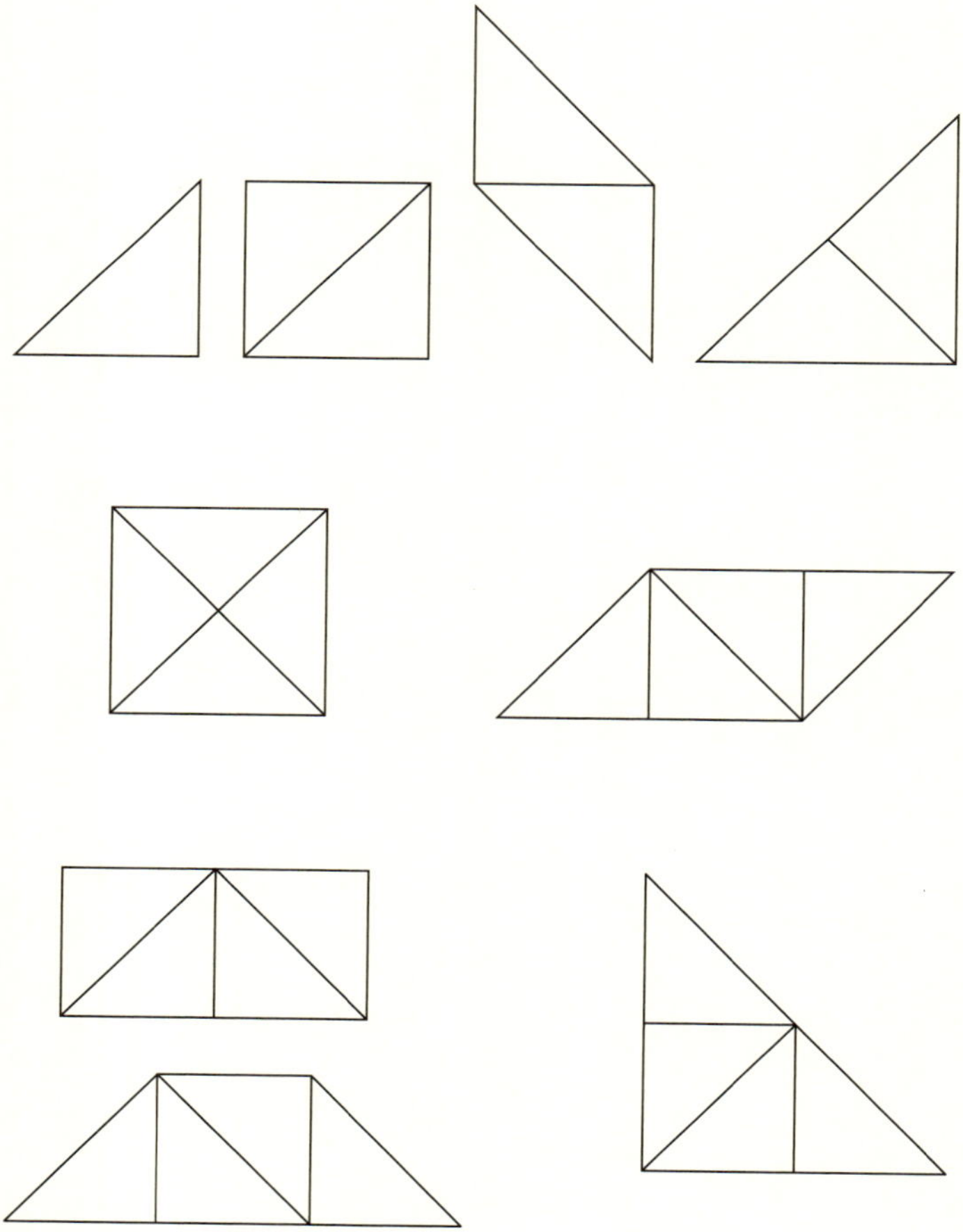

◆直角二等辺三角形、二枚で様々な形を作りましょう。
正方形、平行四辺形、もっと大きい直角二等辺三角形ができます。

◆直角二等辺三角形、四枚で様々な形を作りましょう。
もっと大きい直角二等辺三角形、正方形、長方形、台形、平行四辺形ができます。

このように**直角二等辺三角形を基本として、正方形、長方形、平行四辺形、台形、直角二等辺三角形などを作ることができます。**

❷ 正三角形

正三角形は、何枚組み合わせても正方形や長方形にはなりません。
正三角形は、二枚でひし形になります。三枚だと台形になります。四枚で平行四辺形や正三角形。六枚だと六角形になります。

以上のことからも、**様々な形の基本となるのは三角形であり、直角二等辺三角形や正三角形は特に大切**であるということがわかります。

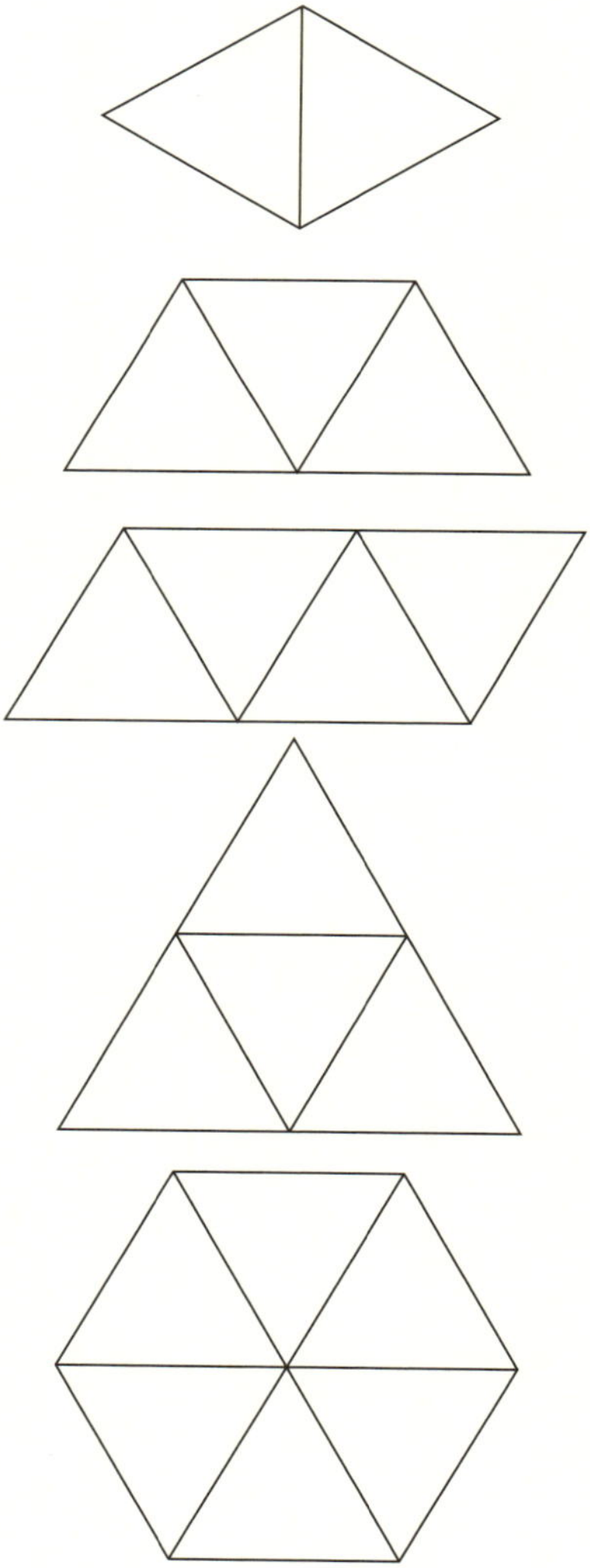

図形の合成・分割
――絵のあるものからないものへ

「パズル」というと、ジグソーパズルなどいろいろな形のピースが入ったものを想像しがちですが、ピースが○や△や□などの形をしたもの、タングラムなど、そういったもので遊んでいくのも良いと思います。なぜなら、△同士をくっつけると、前述のように四角形のいろいろな仲間ができるからです。遊びながら、平行四辺形や台形などの形に触れていくことができるわけです。

幼稚園に入る前までの**二、三歳の頃は、絵が書いてあるパズルで遊んでいきましょう。**まだ幼いので、「どんな絵ができるのかな?」という興味からパズルに集中してくれます。また、絵のつなぎ目などを頼りに完成を導いていきます。

年少さん（三、四歳）以降は、絵が描いていない図形で練習をしていきましょう。

ライオンを作りましょう？

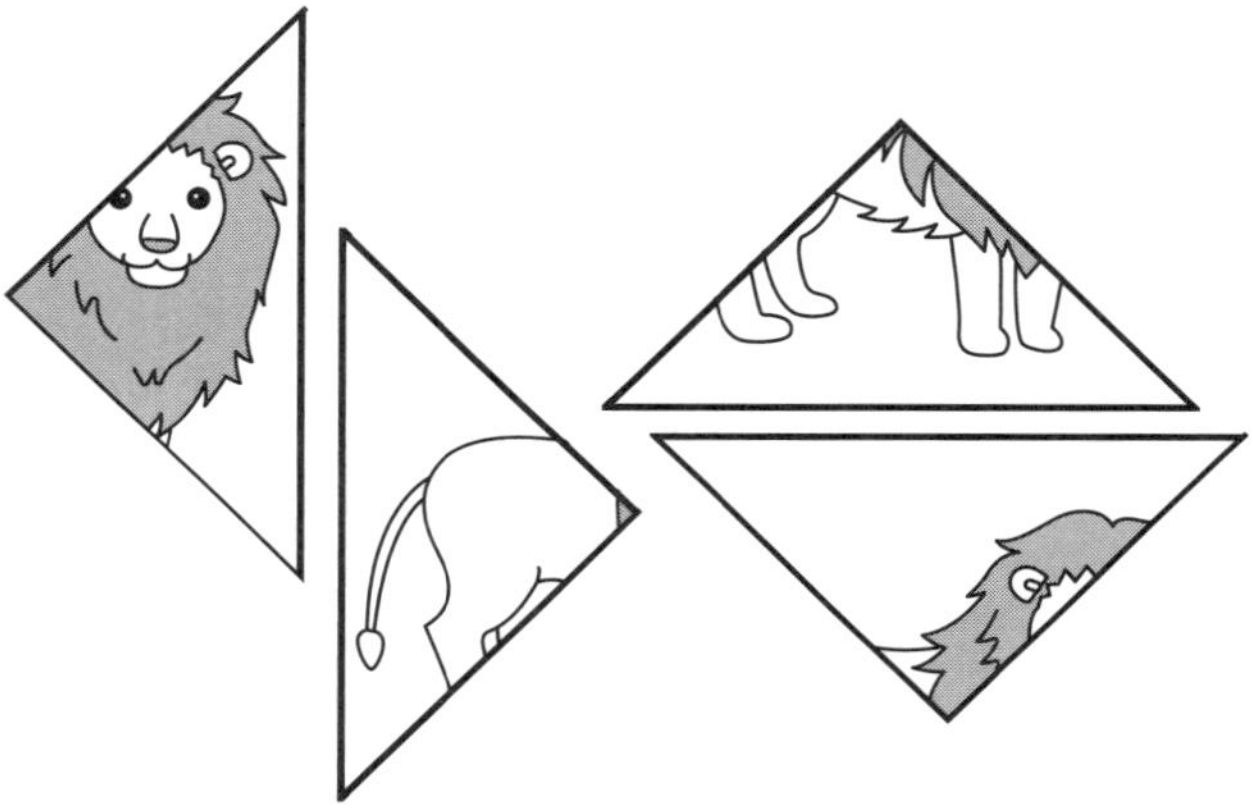

正方形を作ってみよう！　一つだけ使わないものがあるよ。

台紙上合成・机上合成
――段階的に難易度を上げる

「上の黒色の六つの三角を、下の台紙に置いてみましょう」というのが、「台紙上合成」です。「台紙に分割線が引いてあるもの」から始めます。「分割線がある台紙」とは、ピースの大きさに線が引いてあるものです。

そのあとで「分割線の引いていない台紙」でやります。「分割線がない台紙」とは、周りの枠だけあって、中に線が引いてないものです。

それらができるようになったら、次は「机上合成」です。見本と同じ形を、台紙を使わずにピースを置いて机の上に作ります。

上の色のついた三角を下の台紙に置いてみましょう。

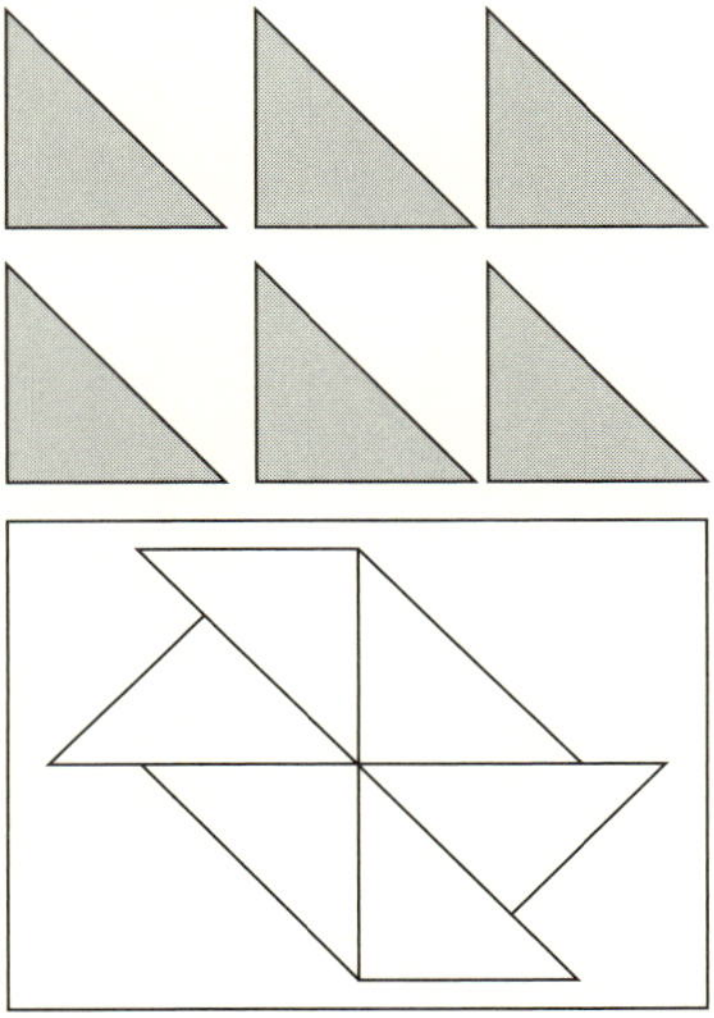

もちろん「台紙上合成」の方が簡単にできます。「机上合成」は、枠がないので難しくなるわけです。子どもの様子を見て段階的にやりましょう。

分割線のある台紙上合成

←

分割線のない台紙上合成

←

机上合成

の順に、少しずつ課題を難しくしていきます。

子どもがやっている時に、すぐに口出しをしてはいけません。**間違った置き方をしてもすぐには何も言わず、子ども自らが「これは間違いだった」と気づくまでグッと我慢をします。**

置く向きが間違っている場合の**ヒントの出し方としては、「(そのピースを)クルクル回してごらん」や「パッタンしてごらん」などという言い方**が良いでしょう。

ピースを置く場所を間違えている場合は、「ここの長さと同じ長さのピースを入れると、かっこよくなるかもね」など、否定するより、子どもが気がつくように働きかける言葉で進めていきます。

上の色のついた三角を下の台紙に置いてみましょう。

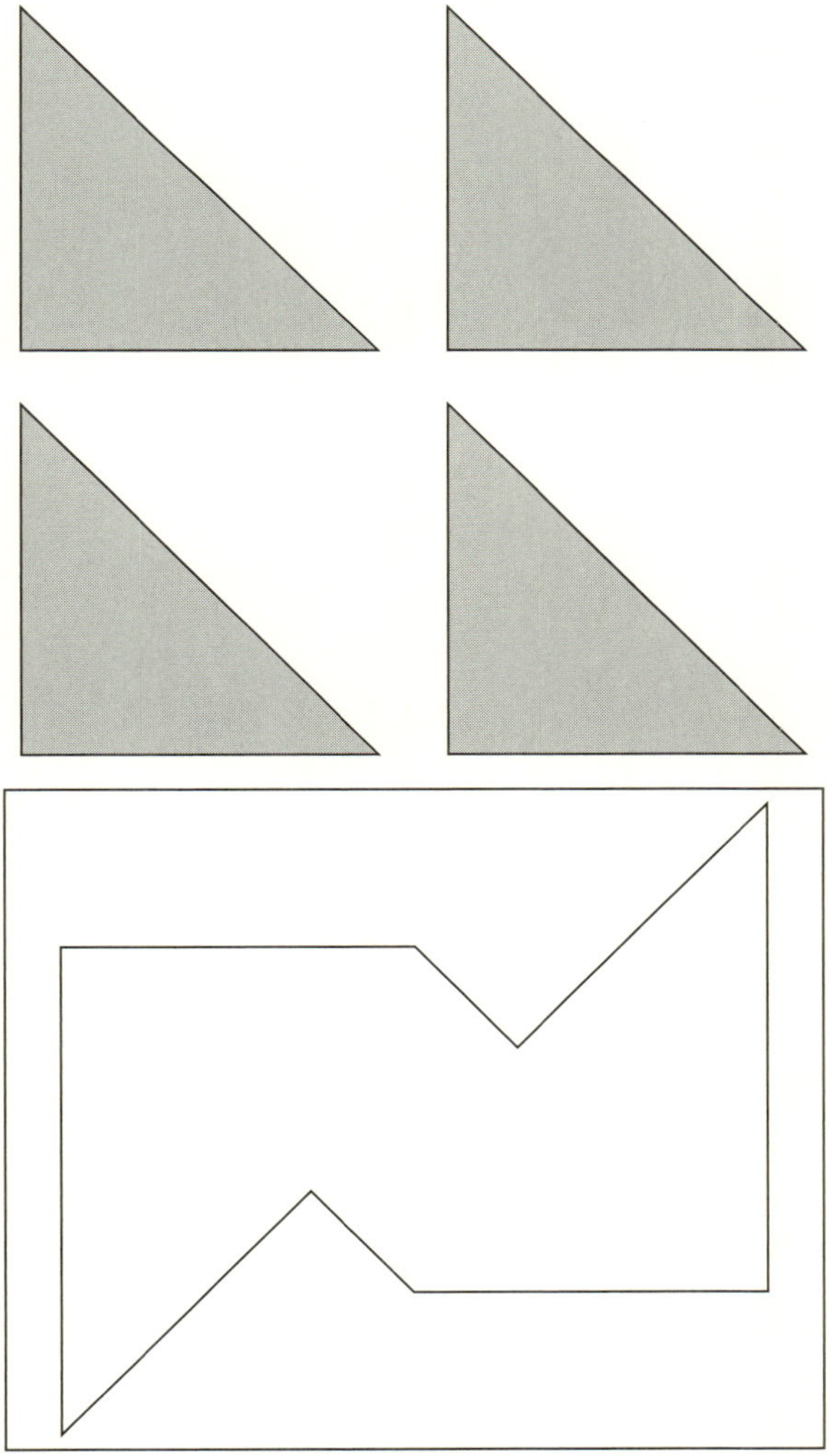

分割線のない台紙上合成

図形の三大基本
——位置・方向・長さ

「かたち（図形）」とは、「位置」と「方向」と「長さ」で決まります。

下の図を見てください。「この形と同じように線を引いてみましょう」という課題だとすると、最初に、「この線はどこからスタートするのだろう?」と考えます。これは「位置」ですね。

そのあとに、「この線は下に向かうのかな?　斜めに向かうのかな?」と考えます。これは「方向」ですね。

そして最後に、「この線はどこまでで終わるのかな?」と考えます。これは「長さ」ですね。

この三つを考えることで「かたち」ができるわけです。

左と同じように右側に書いてみましょう。

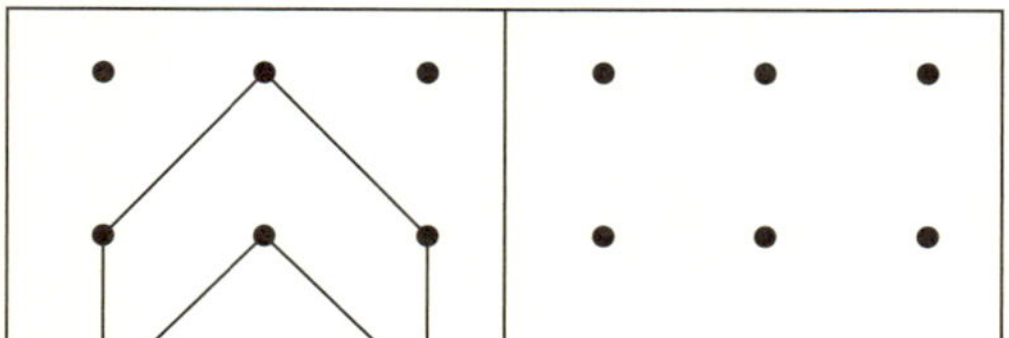

立体図形
――立体から立体へ、平面から立体へ

これまでは平面の図形の課題でしたが、立体図形の課題もやっていきましょう。
二歳くらいの頃は、積み木をドンドン高くのせて遊んでいきます。たいていのお子さまは一個ずつ落ちないように積み上げていきますので、お母さまはたまに、ピラミッドのように一段目は積み木を五個、二段目は四個、三段目は三個のように積んでいくのを見せて、「こうやって積んでいくとグラグラしないね～」と一緒に遊んでいくのも良いでしょう。

まず、色の違う積み木を二個積み、「これと同じように積んでみて」と言います。これが「立体から立体への模倣」です。年少さん（三、四歳）の始めの頃には、「立体から立体への模倣」で八個くらいまではできるようにしましょう。

「立体から立体への模倣」ができたら、次は「平面から立体への模倣」です。
これは、「積み木が積んである絵」を見せて、「この絵と同じように積んでみようね」と

いうやり方です。「積み木が積んである絵（平面）」を「立体」としてとらえるのが、子どもにとっては難しいのです。

「積み木が積んである絵」は、「隠れている積み木がない絵」から始め、それができるようになってから「隠れている積み木がある絵」に進めていきます。

年少さん（三、四歳）の終わりの頃には、「隠れている積み木がある絵」ができるようにしましょう。また、「隠れている積み木がある絵」を見せただけで「これ、積み木は何個あるかな？」という質問にも答えられるようにしておくと良いでしょう。年長さん（五、六歳）の頃には、一五個くらいまでの積み木を模倣したり、絵だけを見て数を正確に数えられると良いでしょう。

さらに発展的な遊び方としては、記憶を伴う遊びがあります。

例えば、積み木を四個くらい積んだ実物を見せて、「よく憶えてね」と言い、それをハンカチなどで隠して、「今隠したのと同じように積んでみましょう」という遊び方です。

図形の記憶の遊びです（二一五頁の知能因子論の表では1番）。

立体から立体への模倣

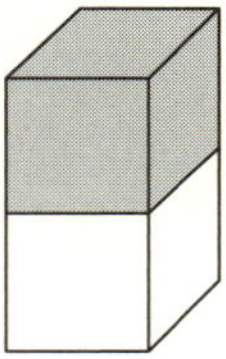

隠れている積み木がない絵

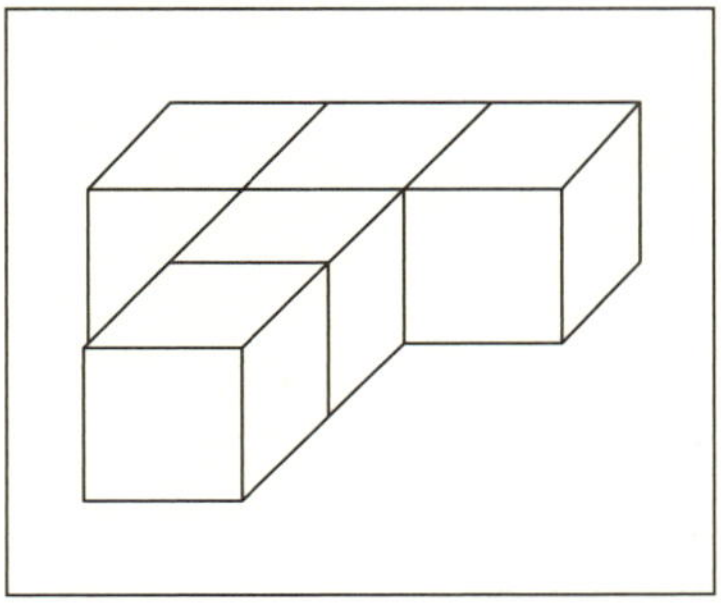

隠れている積み木がある絵

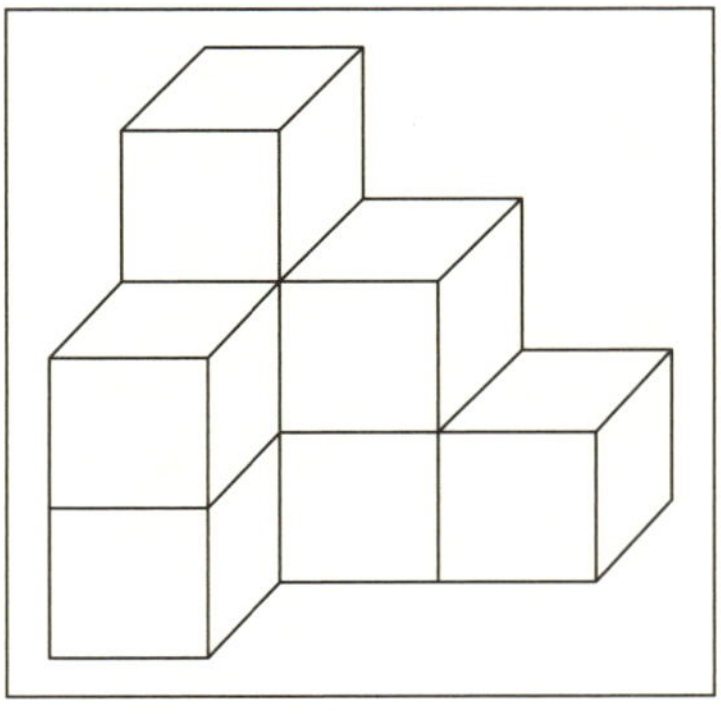

絵を立体的にとらえる
——どちらを先に貼ったかな？

紙に描いてある絵を立体的にとらえるのは、子どもたちにとっては難しい課題です。これは年中さん（四、五歳）くらいで理解するのが良いでしょう。

「折り紙が重なっている絵があります。どの折り紙が一番下にあるかな？」

このように発問してしまうと、たいていのお子さまはポツポツ模様の折り紙を指差してしまいます。

「どの折り紙を一番最初に貼ったのかな？」

こんなふうに発問してあげた方が良いでしょう。

このように、子どもが何でつまずいてしまっているかを把握することも必要です。

平面のもの（紙に書かれたもの）を立体的にとらえる重なりの課題は、ゆっくり進めていきましょう。

最初に貼った折り紙はどれかな？

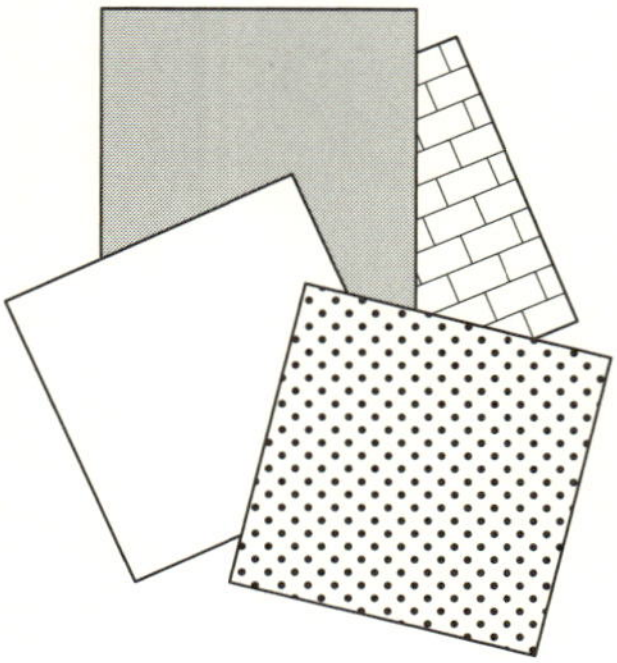

折り紙
――空間認識力を高める

「折り紙を折って、切って開いたらどうなるかな？」という課題です。平面のものから立体的なものを作ることは、子どもたちにとって空間認識を理解する上で大いに刺激になります。

図形的な思考を養成する身近な遊びは、積み木やパズル、そして折り紙が良いでしょう。特に**折り紙は、未就園の頃から遊びの中に取り入れましょう。**

次頁のようなものは、「素敵な模様ができたね」と言って、開いたものを画用紙やダンボールに貼るなどして楽しみましょう。

また、次頁のような課題の二つ折りは年中さん（四、五歳）の前半、四つ折りは年中さんの後半か年長さん（五、六歳）になってから取り組みましょう。

上のように折り紙を点線のところで折って黒いところをはさみで切ったら、どのようになるでしょう？　下から選びましょう。

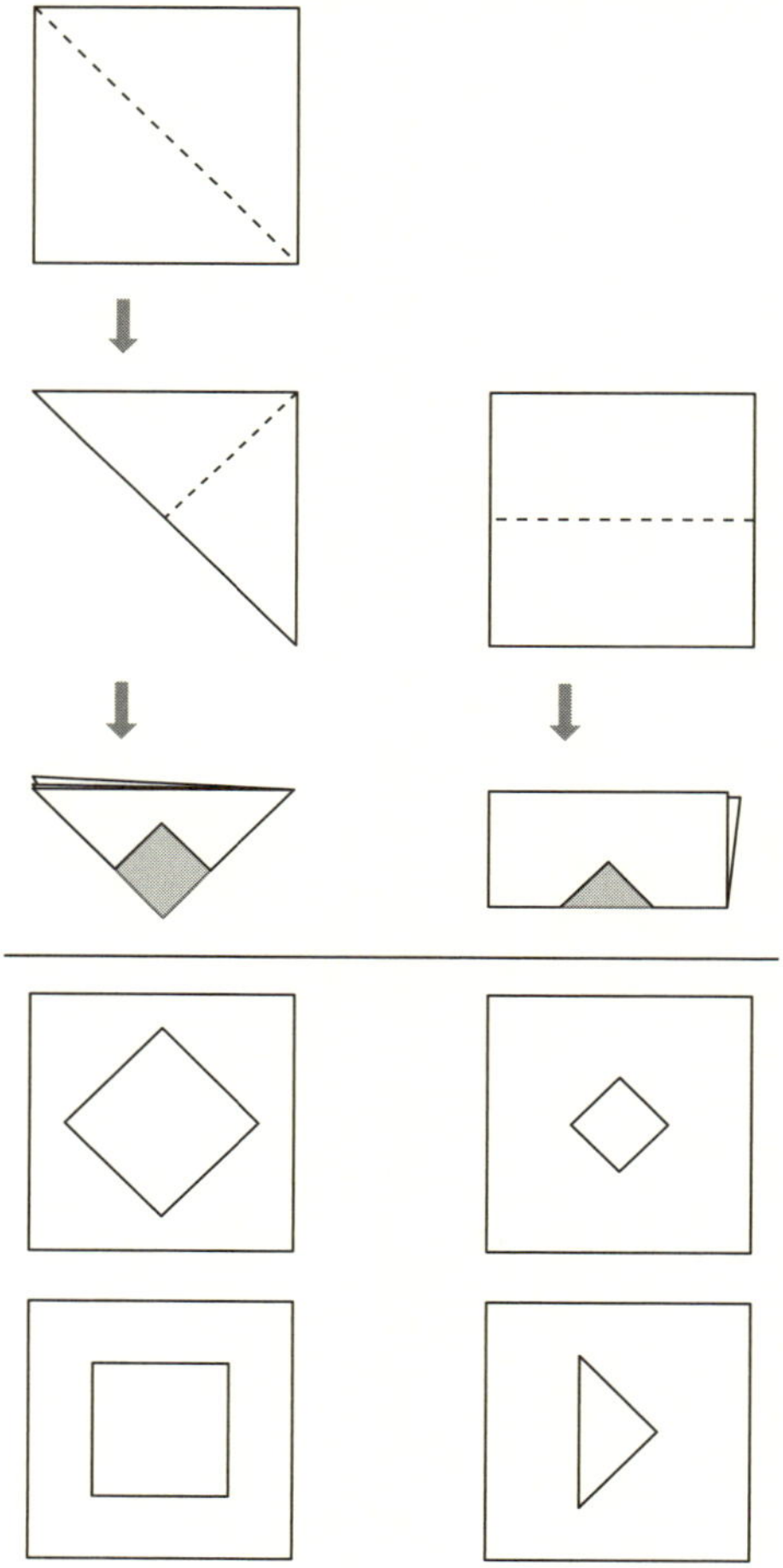

四方観察　――どんなふうに見えるかな？

立体的なものを、自分の視点とは違うところから見たらどのように見えるかを考える課題です。

幼児期の最初の段階は、「自己中心性」と言って、同じものを見ている時には、他人も自分と同じように見えていると考える性質があります。思考と知覚が切り離されておらず、思考より知覚が優先してしまうのです。

次頁の絵のように、子どもに見る場所を移動してもらい、「他の方向から見たら違うんだよ」ということを理解させます。そして、それぞれの方向から見える絵を描いてもらい、その絵を見比べて、見え方の違いを認識させます。

実物を使って実際に移動して見せるだけでなく、それぞれの方向からの絵を描かせ、それを見比べることで、より見え方の違いを認識できるのです。

それぞれの動物からはどのように見えるかな？

座標の考え方
——上下の課題↓左右の課題↓交点

「下から三段目（三階）、右から二列目にある部屋はどこかな？」といった課題です。座標の考え方、交点の表し方です。

マンションで座標を考えます。子どもたちにとって身近なものの方が興味を持ってくれます。

鉛筆や割り箸など、長い棒を用意します。**最初はいきなり交点を求めず**、まずは「三階の部屋に箸を置いてみましょう」と言って、**上下の課題**からやっていきます。

その次に「右から二列目の部屋に箸を置いてみましょう」と、**左右の課題**です。

右から二列目に箸を置いてある状態で、子どもに次のように発問します。

「（右から二列目の一階〜七階を指差して）この中で二階の部屋はどれでしょう？」

交点の考え方を身につけさせるわけです。

これがちゃんと理解できるようになったら、「六階の部屋で、左から四列目の部屋はどこでしょう?」という課題をやります。
そして最後は、お母さまが任意の部屋に碁石などを置き、「ここの場所を、言葉で言ってみましょう」と問いかけ、子どもが自分で座標を表現できるようにしていきます。

2階の部屋で右から3列目の部屋はどこかな？

第5章

指導課題②

記号

記号は、数・色・音のことです。本章では、その中でも主に数をテーマにした課題を考えていきます。

物を数える
――物と物との一対一の対応

まずは、数を数えることから始めます。数というと、「うちの子は100まで言える」などの話も耳にしたことがあるかと思いますが、そういった「数唱（数を唱える）」よりも、しっかりと対象物を数えることができるか、ということから始めていきます。

机の上にミカンやリンゴやスイカがあって、「リンゴはどれかな？」と言って、子どもにリンゴを集めてもらいます。

次に、「リンゴは、いくつあるかな？」と言って、リンゴを一緒に数えます。「イチ・ニー・サン……」と言いながら、子どもにリンゴ一つ一つに指を置かせながら数えていきますが、数える時は必ず、指と「イチ」と発する言葉が合うように数えさせましょう。

多い誤りは次のようなものです。数える時に口と指が合わず、九個しかないのに「1・2・3・4・5・6・7・8・9・10」と続けて数唱してしまうことです。

指を置くのと数唱がどうしてもずれてしまうお子さまは、指を置いて数えるのではなく、碁石などの物を置いて数えていくと良いです。一個のリンゴカードに、**一個の碁石を置いていきます。「イチ」と言いながら、リンゴの上に碁石を置きます。**

これを「物と物との一対一の対応」と呼びます。

最初の「物」とは対象物のリンゴのことであり、二つ目の「物」は碁石です。指だと、自分が一度数えたリンゴがどれかという軌跡が残りませんが、碁石を置いていくと、一度数えたリンゴの上には碁石が置いてあるので、二度数えや数え忘れなどがなくなるわけです。

普段の生活の中では、テーブルの上にあるミカンの山の中から、「ここからミカンを三個取ってください」などの課題をし、子どもが自分で手に取って数えるということをしていくと良いでしょう。

かたまりとしての数　――全部でいくつ？

数を数えさせる課題の時に是非やっていただきたいのは、次のようなことです。「ここにあるリンゴは全部でいくつかな？」と尋ねると、子どもたちは「イチ・ニー・サン・シー・ゴ」と声を出しながら数えます。そのあとに「全部でいくつあった？」と必ず聞いてあげてください。そうすることで、今、自分が言った最後の数「5」で「このリンゴは五個の集まりなんだ、かたまりなんだ！」ということが理解できるようになります。

これは**数の「基数性」という性質で、「数えたものが、全部でいくつあるのか」ということを表します**。

幼稚園に入園する前には、かたまりとしての数、量としての数を理解できるようにしておきましょう。

順序としての数 ——前から何番目？

次頁の絵を見せて、
先　生「動物は、全部で何匹いるかな？」①
子ども「9」
先　生「くまさんは、前から何番目かな？」②
子ども「4」
①の質問は、「全体でいくつ」ということですので、前述の基数性の性質となります。それに対して②の「前から何番目」という質問は、「順序数の性質＝序数性」と言います。大人は普通に両方使用していますが、性質が異なるものですので、その辺りを注意して子どもに教えてあげましょう。
英語では数を数える時は「ワン・ツー・スリー」、前から何番目かを数える時は「ファースト・セカンド・サード」というように言葉が変わるのでわかりやすいのですが、

日本語だと両方とも「イチ・ニー・サン」と数えていくので、混同しがちです。序数性は年少さん（三、四歳）くらいになってから学んでいくと良いでしょう。

年齢が四歳くらいになると、「うちの子は20まで数えられる」「50まで数えられる」というような声をしばしば聞きますが、数唱とは数を唱えることであり、物を数えることとは異なります。50まで数字を唱えられるからすごいとかそういうことではありません。

実際に**六歳（年長児）が行う小学校受験では通常、数としては10くらいまでの問題、多くても15くらいまでの数の問題しか出題されません。**数字をどんどん上の方まで唱えられるよりも、10くらいまでの数で「数の操作」、つまり、数を合わせたり、数の違いを答えたり、数を分けたりする方が、もっともっと大切なのです。単なる数唱ではなく、物を数えることに重きを置いて、お子さまと接していくと良いでしょう。**年長さん（五、六歳）までは、20くらいまでの数で「数の操作」ができることの方が大切**です。

数の課題はドッツカードで

数の課題をやる時は、数字カードを使うよりも、「ドッツカード」を使うことをおすすめします。

なぜなら、数字カードでは指を置いて数えることができませんが、ドッツカードでは●の数を数えることができるからです。

数の多少　――どっちが多い？

下の絵を見せて、「どっちが多い？」と発問します。

また、下の絵のように、**大きさが違っていても、「数は大きさには関係がない」ということも教えます。**

二歳では、二個と三個の「数の多少」をやります。

幼稚園に入るまでには、五個のリンゴと六個のリンゴの「数の多少」ができたら充分です。

年少さん（三、四歳）では、10までの比較がわかっていれば良いでしょう。

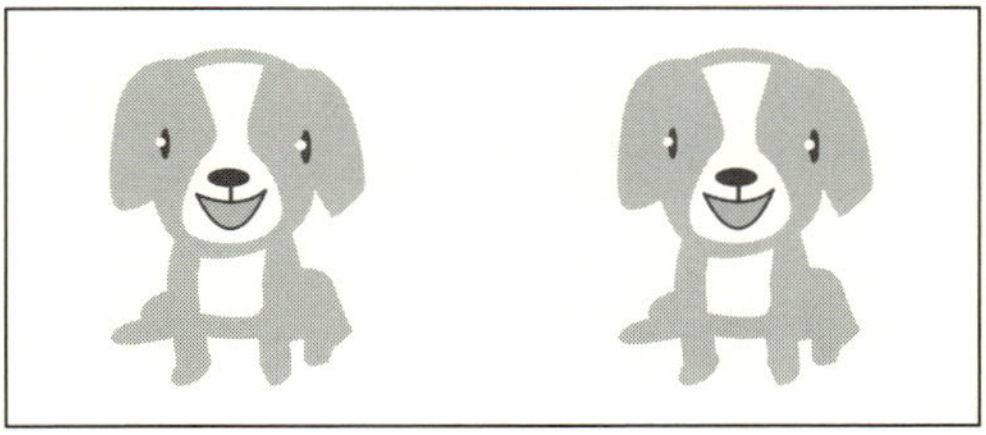

六歳では、20までの「数の多少」だけでなく、「数の差」（どっちがどれだけ多いか）までできるようにしましょう。

ナスと同じ数のものを下から選びましょう。

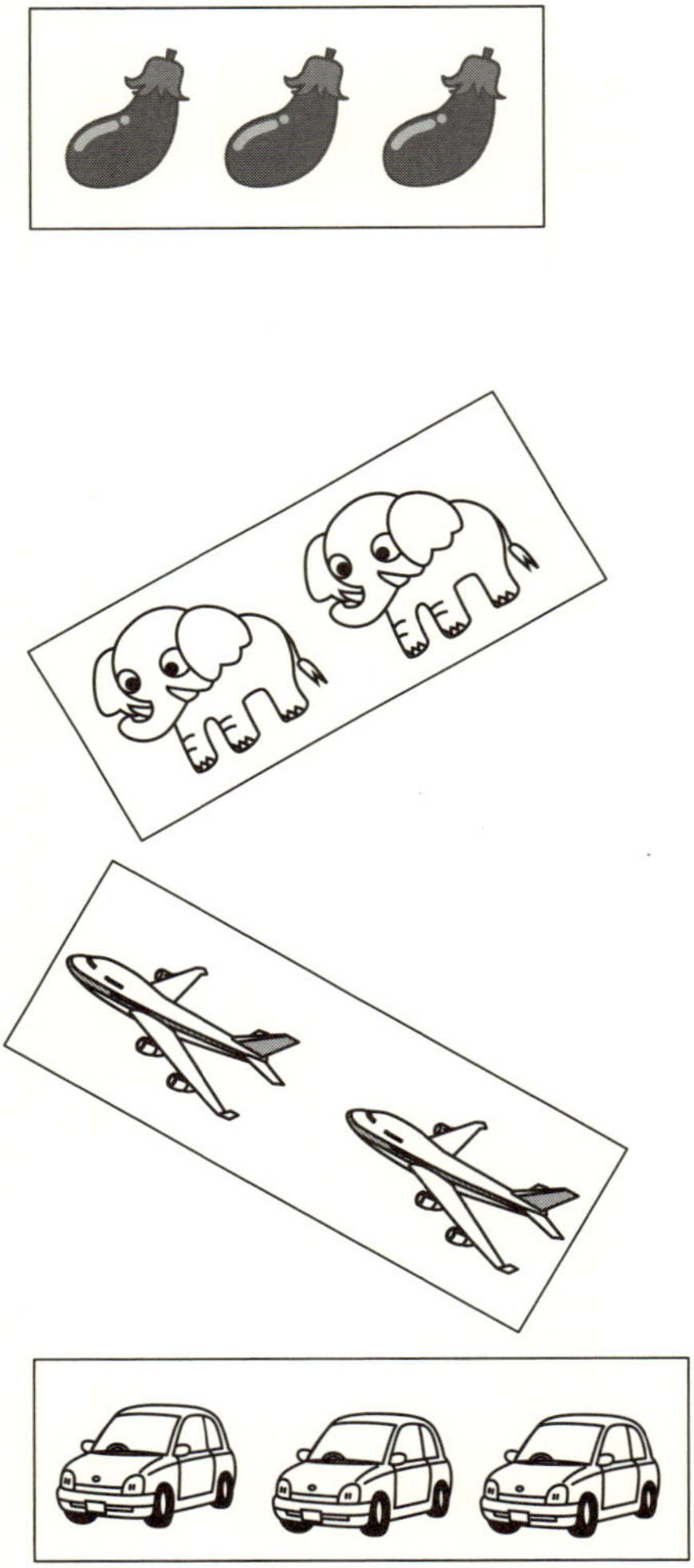

数の差　——どれだけ多い？

二、三歳の時に**「数の多少」（どっちが多い？）をやって、しっかりと理解できたあとに、**三、四歳くらいの年少さんになってから**「数の差」をやります。**

まずは数の多少をやります。

「どっちの方が多いかな？　そうだね、こっちの方が多いね」（数の多少）

そして次に、

「それじゃあ、（リンゴ三個の絵カードを指差して）こっちはいくつ多いかな？」（数の差）

と発問します。

この時に子どもがわからなければ、碁石を用意して、リンゴの絵カードの上に碁石を置きながら一緒に数えていく、つまり「物と物との一対一の対応」の作業をします。

「一緒に数えていこうか。ママはこっち（リンゴ三個の絵カードを指さし）を数えるから、たかし君はこっち（リンゴ二個の絵カードを指さし）を数えようね。一緒に数えよう」

と言って声を合わせ、「イチ、ニー」と碁石をそれぞれ置いていきます。

その状態で「あ、ママの方が一個多い」と、碁石が置いていない上から三番目のリンゴを指差して言います。そうすることで、**数の差とはこのように比較すればできるんだということを理解させます。**

数の合成
——合わせる＝続けて数える

数の合成とは、「一個のリンゴと、二個のリンゴを合わせると、いくつになるかな?」という課題です。

「1＋2＝3だよね」とは教えません。

二、三歳くらいの子どもには、リンゴ一個の絵カードを見せて、「これ、いくつかな?」と問いかけます。

「そうだね、一個のリンゴだね」

「じゃあ、これは?」

「そうだね、二個のリンゴだね」

リンゴに指を置くなり、碁石を置くなりして数を数えさせ、いくつあるかを子どもに答えてもらいます。

そのあとに、リンゴ一個の絵カードとリンゴ二個の絵カードを隣合わ

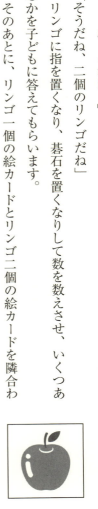

せて、「これ、合わせるといくつになるかな?」と発問をします。もしこれで子どもの反応が「?」でしたら、「じゃあ、数えてみようか?」と声かけをします。

その時に子どもが、左の絵カードから指を置き、「イチ」と数え、右の絵カードに指を移した時に、また「イチ・ニー」と数えてしまったら、**「合わせるっていうことは、続けて数えるってことなんだよ」**と言って、左の絵カードから数えていき、右の絵カードに指が移った時に「ニー・サン」となるように働きかけます。

誤った教え方としては、前述のように足し算の式として教えてしまうことです。

「ほら、ここのお部屋にはリンゴが一個。こっちのお部屋にはリンゴが二個でしょ。合わせるんだから、1たす2は3でしょ」という教え方です。

「たす」や「ひく」という言葉は、小学校に入ってから足し算や

引き算を習って知る言葉なので、「たす」「ひく」という言葉を使っても子どもにはわかりません。ですから、「合わせるというのは、続けて数えるということなんですよ」と教えていきます。

ですから、数字カードで教えるのではなく、最初は「ドッツカード」のように子どもが指を置いて数えることができるものから使っていくといいわけです。

参考までに言いますと、小学校受験において、数の問題は出題されても、数字で答えたり、数字を読む問題は出題されません。すべて、「合わせるといくつになるでしょう。その数を○で書きましょう」のように、○を書いて答える問題です。

数の合成は、年少さん（三、四歳）くらいから始めると良いでしょう。六歳くらいまでに、合わせて15くらいまでの数の合成ができれば充分です。

数の分割
——二分割から始める

数の分割とは「五個という数は、二個と何個に分けられるかな?」という課題です。まずは二分割、二つに分ける課題からやっていきます。

「今日はママのリンゴ（カード）を二人に分けます」

「（ママのリンゴを指差して）こっちはいくつあるかな?」

「そうだね、五個だね」

「じゃあ（たかし君のリンゴを指差して）こっちはいくつかな?」

「そうだね、二個だね」

「（まゆみちゃんのお皿を指差して）ここにあといくつあれば、同じ五個になるかな?」と発問をします。最初は数える時にリンゴのところに碁石を置いていきます。

これも年少さん（三、四歳）くらいから始めると良いでしょう。

すごろく遊び
——数えて位置を移動する

お子さまに数を学んでほしいと思う時に最適な遊びは、すごろく遊びです。

サイコロを使って、その数だけ進む。**「サイコロの目の数」と「マス目」の数が正確に合っているかを確認します。**「自分のいるマス目は、1と数えない」ということにも注意しましょう。

ライオンのところにとまると４つ進みます。
ゾウのところにとまると２つ戻ります。
ゴール目指してサイコロの数だけ進みましょう。

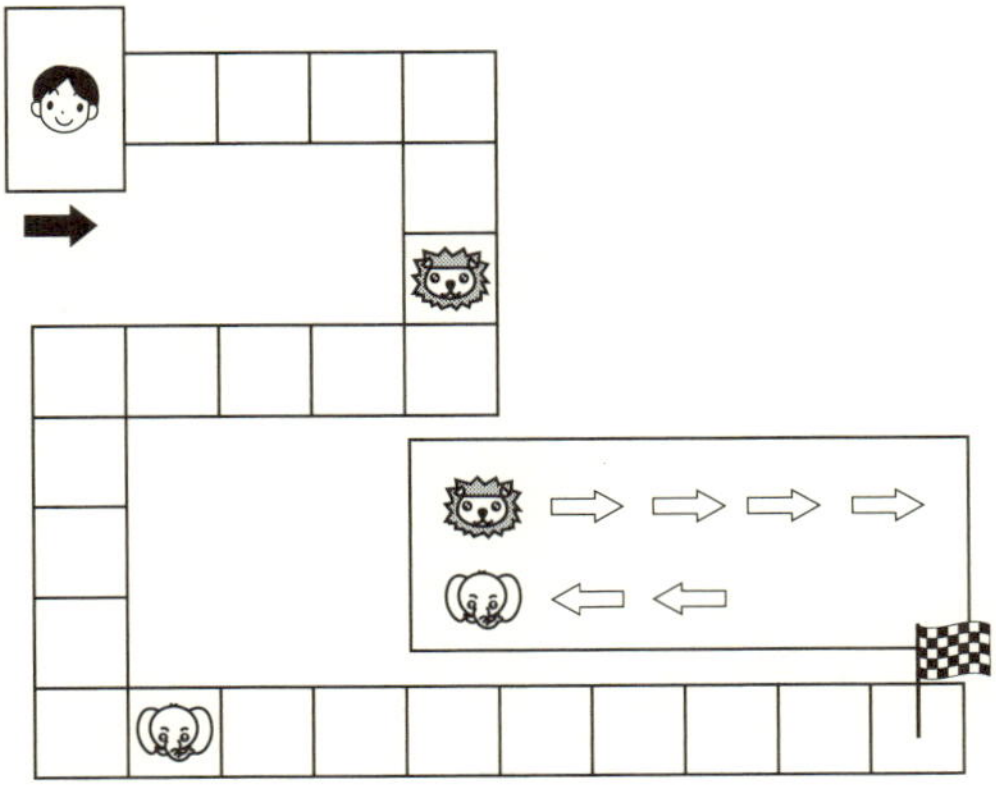

「ずつ」の理解 ――同じ数があること

「ずつ」という言葉の意味を理解する課題です。

最初は簡単な課題を出し、「ずつ」とはどういうことかを練習します。

まずは「二個ずつ」です。

机の上に四個のリンゴカードを置き、「これ、全部でいくつあるかな?」と発問して、子どもにリンゴカードに指を置かせながら数えます。

「そうだね、四個だね。じゃあ、これを先生とたかし君に二個ずつ、配ります」

先生は二個のリンゴカードを取って、たかし君の前に置きます。そのあと残りの二個を先生(自分)の前に置きます。

4個のリンゴをたかし君と先生に2個ずつ配ります。2個まとめて取りたかし君へ、2個まとめて取り先生へ分けます。

「たかし君も二個で、先生も二個あるね。こうやって同じ数があることを『ずつ』と言います」

このように、**まずは「ずつ」という言葉の意味を理解させ、「ずつ」とはみんな同じ数があることなんだと学びます。**

分けた時の「あまり」の考え方

次は五個のリンゴカードでやります。

先ほどと同様に、先生がリンゴカードを二個取ってたかし君の前へ。そして残りの三個のうち二個を取り、先生（自分）の前へ。

「あれ？　一個残っちゃったね。もう二個ずつ配れないから、これは『あまり』だね」

と教えます。

このように、**「二個ずつ」とは二個を取って配ることで、二個に満たないものは配れない＝「あまり」であるということを理解させます。**

5個のリンゴをたかし君と先生に2個ずつ配ります。2個まとめて取りたかし君へ、2個まとめて取り先生へ分けます。

たくさんのリンゴを二個ずつ配ろう

二個ずつ配ったら、いろいろな人に配れるんだという課題です。

今度は六個のリンゴカードを用意します。

先ほどと同様に、先生が二個取ってたかし君の前へ。残りの四個のうち二個を取って先生（自分）の前へ。

「まだ二個あるね。どうしようか、誰にあげようか？ママにあげようか」

実際にはそこにいない相手でも、その人がいるとして二個取り、別の場所に置きます。ご自宅でやる場合は、お人形さんの前へ置いてもいいでしょう。

「二個ずつ配ったら、たかし君、先生、ママ、三人に

8個のリンゴを2個ずつ配ります。

2個まとめて取りたかし君へ、2個まとめて取り先生へ、2個まとめて取って、「これは誰にする？」「じゃあ、妹に！」「それじゃあ最後の2個は？」「じゃあ、おじいちゃんに！」と会話をしながら分けます。

分けられるんだね」

この時、指を折りながら、「たかし君、先生、ママ、三人に」と言います。

この課題は、リンゴカードの数を八個、一〇個などに変えて繰り返し行います。

八個で二個ずつ配って四人、一〇個で二個ずつ配って五人と登場人物が増え、「今度はおじいちゃんにもあげよう」などと、子どもも楽しく取り組んでくれます。時には三個ずつ配るのも良いでしょう。

ここでは「何人に配れるのか」を理解するというよりも、いろいろな人に配れるんだということを重視して進めていきましょう。

毎回配り終わったら、指を折りながら、「たかし君、先生、ママ、パパ、おじいちゃん、全部で五人だ。すごいね」などと言います。

こうして、ここでは**「二個ずつ配ると、たくさんの人に配れるんだ」ということと、「二個ずつとは、誰もが同じ数なんだ」ということを確実に理解させます。**

六個のリンゴを二個ずつ配ると何人に分けられる？

先ほどと同様のことを繰り返し、リンゴカードを二個ずつ配ります。配り終わったら、「何人に分けられたかな？」と尋ねます。すると子どもは、「ぼく、先生、ママの三人」と答えてくれます。

そして次は、リンゴ台紙（リンゴが六個描いてある絵）を見せて、「二個ずつ配ると何人に分けられますか？」という課題です。

今までは実際にリンゴカードを配ることができましたが（一枚ずつのリンゴカードでしたので）、今度は一枚の台紙にリンゴの絵が六個描いてあるので、配ることができません。台紙上で分ける作業をします。

次頁の図のように、「二個ずつ袋に入れよう。まずは、たかし君の分」と言って、鉛筆で二個のリンゴを○で囲みます。

「次は先生の分」と言って、鉛筆で二個のリンゴを○で囲みます。

最後も「ママの分」と言って、鉛筆で二個のリンゴを◯で囲みます。

「何人に分けられたかな？」と子どもに尋ね、袋の数（◯で囲んだ数）を数えさせると、「三人だ！」となります。

ここまでは、一度ではやりません。子どもの理解に合わせ、徐々に進めていきましょう。

こうした分け方を「包含除《ほうがんじょ》」と言います。時期は年少さん（三、四歳）の後半くらいにやってみましょう。

「ずつ」の考え方は非常に難しい課題なので、しっかりとものを数えることができるようになり、全部でいくつあるかという基数性や、前から何番目などの序数性などを理解してから教えていきましょう。いっぺんに詰め込まないことが大切です。

6個のリンゴを2個ずつ配ると何人に分けられますか？
「2個ずつ袋に入れよう。まずはたかし君の分」で2個で◯をつけます。「次は先生の分」で2個で◯をつけます。最後も「ママの分」で2個で◯をつけます。
「何人で分けられたかな？」
袋の数を数え「3人だ！」となります。

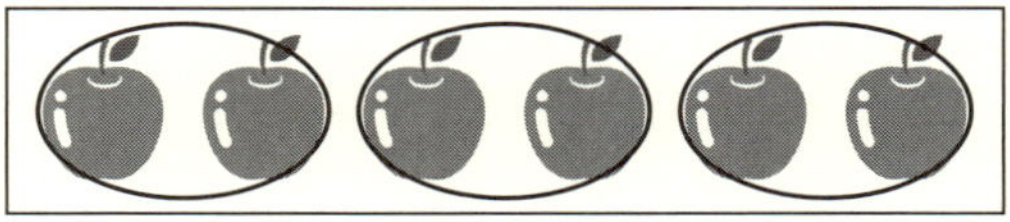

六個のリンゴを三人で分けたら、一人何個ずつになる？

リンゴカードを使って行います。今回は最初から何人に配るのかがわかっているので、「まずは一個ずつ配ります」と言いながら、リンゴAをたかし君に渡します。次にリンゴBを先生（自分）の前に置きます。そしてリンゴCを取って、「ママの分」と言って、ママの代わりのお人形の前に置きます。さらに、リンゴDを取って、もう一度たかし君の前へ。リンゴEを取って先生の前へ。リンゴFを取ってお人形の前へ置きます。

配り終わったら、「たかし君のリンゴは何個ある？」と尋ねます。

「二個だよ」

「そうだね、先生も二個あるよ。じゃあ、ママの分は何個かな？」

「ママも二個だ」

ここで子どもにこう確認します。

「たかし君も二個、先生も二個、ママも二個。みんなが二個だから『二個ずつ』だね」

このように、一個ずつ順番に配って最終的に一人何個になるかという作業をしていきます。


6個のリンゴを3人に分けると1人何個ずつになりますか？

「(まずはリンゴAを取り）たかし君に1個、(リンゴBを取り）先生に1個、(リンゴCを取り）ママに1個」といった具合に、まずは1個ずつ3人の前にリンゴを置いていきます。

「(そしてリンゴDを取り）たかし君に1個、(リンゴEを取り）先生に1個、(リンゴFを取り）ママに1個」と言いながら配ります。「たかし君、何個ある？」「2個だよ」「先生やママは？」「2個だよ！」

そして次は、リンゴ台紙（リンゴが六個描いてある絵）を見せ、「六個のリンゴを三人で分けたら、一人何個ずつになりますか？」という課題です。

今回は一枚の台紙にリンゴが六個描いてあり、実際にリンゴを配ることはできませんので、リンゴ台紙の上に、色の違う三種類の碁石を一個ずつ置いていきます。

「（黒碁石を一個持ち）これが、たかし君の分」と言って、碁石をリンゴの上に置きます。

「（白碁石を一個持ち）これが先生の分」と言って、碁石をリンゴの上に置きます。

「（赤碁石を一個持ち）これがママの分」と言って、碁石をリンゴの上に置きます。

この作業を二回繰り返します。そうすると図の

6個のリンゴを３人に分けると１人何個ずつになりますか？
今回はリンゴが６個描いてある台紙を使うので配ることができません。碁石を使います。
「（黒い碁石を1個置き）これがたかし君、（白い碁石を1個置き）これが先生、（赤い碁石を1個置き）これがママ」と言いながらリンゴ台紙の上に碁石を順番に置いていきます。2回目も同様にやります。
「たかし君は何個ある？」「2個！」「先生は？」「2個！」「ママは？」「2個！」「みんな2個ずつだ」となります。

ようになります。

そして、「たかし君のリンゴを数えてみようか」と言い、子どもに黒碁石を数えてもらいます。

「そうだね、二個だね。じゃあ、先生のリンゴも数えてみて」

「そうだね、先生も二個だね。じゃあ、ママの分は？」

「ママも二個だね」となります。

このように、具体物（碁石）を使って理解を深めていきます。

次は、リンゴ台紙（リンゴが六個描いてある絵）を見せ、「これを三人で分けたら一人何個ずつになりますか？」という課題を、碁石を使わずに鉛筆だけで解答する方法です。

「三人に一個ずつ配ります」

と言いながら、台紙に描かれた三個のリンゴを鉛筆の線で

6個のリンゴを3人に分けると1人何個ずつになりますか？
碁石は使わず、鉛筆だけで解答できるようにします。まずは「3人に1個ずつ配ります」と言いながら、3つのリンゴで線をつなぎます。「また、3人に1個ずつ配ります」と言って、3つのリンゴを線でつなぎます。線の数を数えてもらい、「1人何個ずつかな」「2個ずつだよ！」となります。

つなぎます。

「また三人に一個ずつ配ります」

と言いながら、同じように三個のリンゴを線でつなぎます。

子どもに線の数を数えてもらい、

「一人何個ずつかな？」

「二個ずつ」

と、このように進めていきます。

このような分け方を「等分除《とうぶんじょ》」と言います。

この課題は、年中さん（四、五歳）の後半から年長さん（五、六歳）前半にやります。

最初に学んだ**「包含除（六個のリンゴを二個ずつ配ると何人に分けられるか）」**と、**「等分除（六個のリンゴを三人で分けたら一人何個ずつになるか）」**は、どちらも考え方は「割り算」です。

割り算は小学三年生で習いますが（子どもたちにはもちろん、等分除や包含除などという言葉は教えません）、学校では等分除から教えていくことが多いようです。

でも実際、幼児教育の現場にいると、「ずつ」の言葉の意味を先に理解してから進めていく方が、子どもたちの到達度が早いので、包含除を教えてから等分除を進めていった方が良いでしょう。**包含除と等分除は同じ時期に教えず、包含除を理解できたら、半年から一年空けて等分除を教えましょう。**

「何個分」の考え方

１cm角の正方形を、一個置きます。

１cm角の正方形を、縦に二個並べます。

１cm角の正方形一個を指差し、「これは一個だね」と確認します。

次に、二個の方を指差し、「これは二個だね」と確認します。

さらに、縦２cm×横１cmの長方形を出します。

そして、１㎝角の正方形を指差し、「 これは一個でしょ？」と再確認します。

次に、縦２㎝×横１㎝の長方形を指差し、「それじゃあ、 これは、こっち（１㎝角の正方形）の何個分かな？」と発問します。

「そうだね、これは二個分だね」とやっていきます。

さらに、縦３㎝×横１㎝の長方形を出し、同じことを繰り返します。答えは三個分です。

縦４㎝×横１㎝の長方形を出し、「 これは何個分になる？」と発問します。答えはもちろん四個分になるわけです。

このように、**何かを基準に決めて、その基準をもとに数字に置き換えて答えていく課題**です。

この考え方は、次の「数の置換」の課題につながっていくので大切です。年少さん（三、四歳）の後半くらいからやっていきましょう。

数の置換 ——１しかなくても２と数える

つりあいのシーソーの課題です。

「ゾウさん一頭と、ネコさん二匹が同じ重さです。じゃあ、ゾウさんが二頭になったら、ネコさんは何匹いたら同じ重さになるかな？」

ネコ一匹を「1」という基準で考えます。ゾウ一頭をネコに置き換えると「2」になります。何か基準を決めて、それを1とする。そうすると他のもの（この場合はゾウ）はいくつになるかという考え方です。

今まで子どもたちは数を教わる時に、そこに一個あれば、それを1と数えていました。しかし今回、この問題を考える時に、二段目のシーソーの左端のゾウの、

下の絵のようにゾウさん１頭とネコさん２匹がつりあっています。
ゾウさんが２頭乗るとネコさんは何匹乗ればつりあいますか？

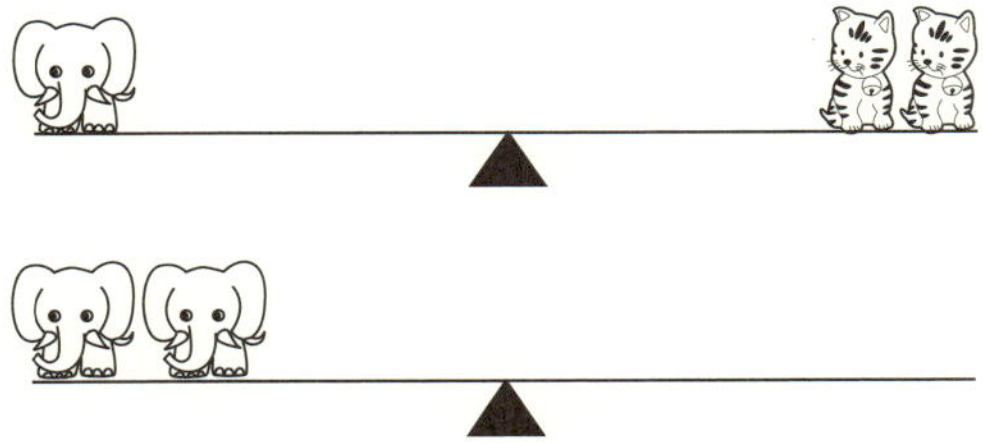

まず左側の象の上に指を置き、「イチ・ニー」と数え、次に右隣のゾウの上に指を置いて「サン・シー」と数えて考えます。ゾウ一頭を2と数えるわけです。**数にはそこに一つしかなくても、2と数える性質がある、そのような使い方がある、**ということを学ぶわけです。

数の置換は非常に難しい課題なので、年長さん（五、六歳）になってから学んでいきます。また、数の置換の課題のより詳しいやり方は、別章（第九章）にてご説明しますので、そちらも参照してください。

第6章

指導課題③

概念

基礎的な概念の獲得
――絵本の読み聞かせが重要

「概念」とは、言葉の意味でものを考えるということです。

まずは、様々な言葉を獲得していくことから始まります。二歳前後から始めましょう。

最初は普通名詞から耳に残ります。「リンゴ」や「タマゴ」や「イヌ」などの言葉です。

そして動詞も覚えていきます。「走る」や「食べる」や「寝る」などです。

自分の直接的な経験から言葉を覚えていくだけでなく、間接的な経験からも言葉を覚えていきます。そういった意味でも、絵本の読み聞かせは非常に大切です。「リスさんはお腹がすいて、ドングリを食べました」そんな一文だけでも「お腹がすく」や「ドングリ」など、自分で経験していなくても間接的に身につけていきます。**絵本の読み聞かせから間接的な経験をさせ、言語をさらに獲得していきましょう。**

物の属性 ――いろいろな方向から広げる

例えば、子どもに「ウシ」の絵を見せて発問します。

「これは何かな?」

「ウシ」

「そうだね、ウシだね」

このように名称を言うだけでは「よくできたね」で終わってしまいますので、

「何色をしているかな?」

「足は何本ある?」

「ウシのおちちって、何になるかな?」

「ウシとかトラとかゾウは、なんの仲間かな?」

おちちは何になるのかな?
何の仲間かな?　何色をしているかな?

などのように、どんどん広げて声かけをしていきます。

「ウシ」が持つ性質、それを「属性」と呼びます。**「属性」とはそのものが持っている性質のことで、色や材質だけでなく、機能や用途などのような本質的なもののことです。**

二歳くらいの頃は、「ウシ」は動物の仲間であることや、白い色と黒い色をしているなどの属性を理解しておきましょう。年齢が上がった時には、ウシのおちちは牛乳になるとか、そういったことまでわかるようにしていきましょう。

「ウシ」の見た目だけでなく、いろいろな方向から属性を広げていくように声かけをすると、言語が増えるだけでなく、「ウシもトラも動物の仲間なんだ」のように様々な物事がつながっていきます。

共通概念の設定
——自分で基準を決めて分類する

物を分ける時に、自分で基準を決めて分類をする課題です。

「リンゴ」「カレー」「おにぎり」「バナナ」「いす」などの絵カードを机に並べて、「これはなんの仲間かな？　一つだけ仲間外れがあるね」と発問します。

前述のように、物の名称を子どもたちに聞くだけでなく、属性を聞いていくと、おのずと「いす」だけが「食べられないもの」だという正解が導き出せるでしょう。

また、答えが「いす」だとわかった子どもでも、その理由が言えない場合は、「いすはなんで仲間外れなのかな？　他はなんの仲間なんだろう？」と問いかけて、「食べるもの」という答えを言ってもらうよう働きかけましょう。

そして、次は残りの四つを分類していきます。「果物の仲間」と「ごはんの仲間」です。

このように、**自分で基準を決めて分類することを「共通概念の設定」**と言います。

また、「食べるもの」と「食べられないもの」に分類することを「上位概念の設定」、

「果物の仲間」と「ごはんの仲間」に分類することを「下位概念の設定」と言います。まずは**上位概念の設定からできるようになり、そのあとに下位概念の設定が決められるようになると良いでしょう。**

年中さん（四、五歳）や年長さん（五、六歳）くらいになると、発展的な課題として、共通概念から答えを導き出す課題をやります。

次頁の下の絵を見てください。まずは、自分で共通概念を見つけさせます。

「縦の列で似ているところはどこですか？」

「横の列で似ているところはどこですか？」

それらを考え、「真ん中の空いているところには何が入るでしょう？」という課題です。

仲間外れはどれかな？

〈答〉縦は虫の仲間。横は夏。よって答えは「カブトムシ」や「セミ」などの「夏の昆虫」となります。

真ん中の空いているところには何が入るでしょう？

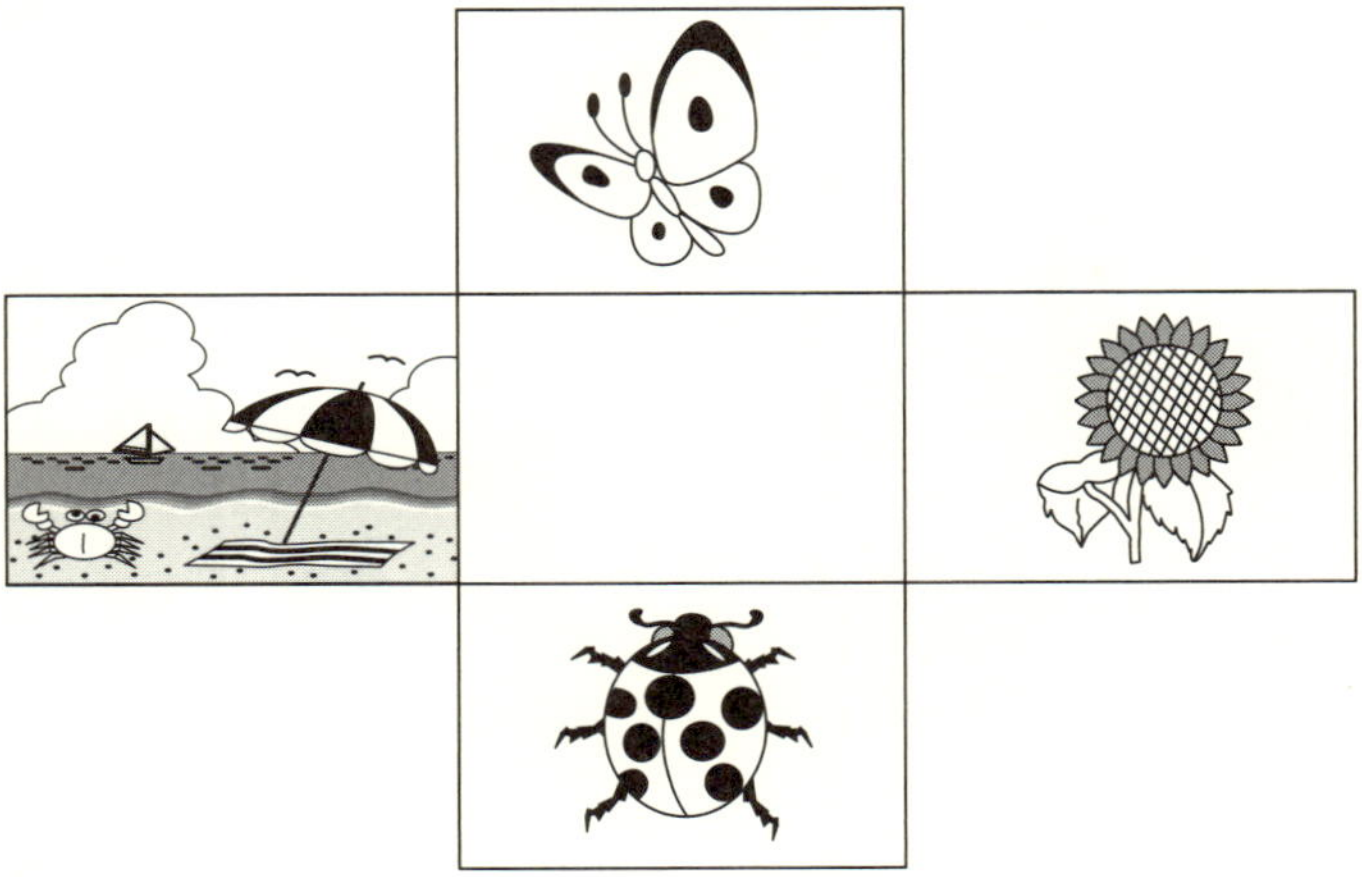

絵を理解する
――何をしているところかな？

ある場面の絵を見せ、「これは何をしているところかな？」と尋ねる課題です。絵を見て理解し、表現する能力を養成します。

次頁の絵は、お父さんと男の子で犬小屋を作っている絵です。

幼稚園入園前の二、三歳の頃は、絵を見て「男の子」「犬」など名称しか答えられないと思います。お母さまが文章として作ってあげて、子どもの耳に残し、同じように復唱させます。

それができるようになったら、**「これは何をしているところかな？」と問いかけて、文章で答えられるように働きかけていきます。**

「誰が、何を、どうした」に当てはまるように進めていきます。

下の絵を見てお話をしてみましょう。

絵の順番　――お話の順に並び替える

年少さん（三、四歳）くらいになったら、二枚以上の絵を見せて、お話の順番になるように並び替えて遊びます。年中さん（四、五歳）では、四枚程度の絵を使いましょう。これは、**話の体系や論理性を養う**課題です。

正しいお話の順番になるように並び替えましょう。

状況の類推
——どうしてこうなったのでしょう？

東京英才学院には、「どうしてこうなったのでしょう？」という教材があるのですが、これは「状況の類推をする」教材です。

二枚の絵があります。一枚は「男の子が川の中で裸で遊んでいる絵」、もう一枚は「男の子がお布団で寝込んでいる絵」です。

子どもたちに、「お話の順番になるように並び替えてみましょう。そして、どんなお話か教えてください」と問いかけます。

この時、お子さまの答えの中に「水が冷たくて風邪をひいて」という言葉が入っていたら素晴らしいですね。

絵を見て、「どうしてこのようになったのか？」または「このあとどうなるんだろう？」と類推する力を身につけていきます。

これは、小学生になって物語を読む際に、主人公の気持ちになって文章を読んでいく時に必要となります。

例えば、「たかしは手を挙げ、堂々と答えた。しかし正解は6番だった。そして、たかしはその場を走って去った」という文章があったとすると、「たかしはなぜ走って去ったのでしょうか?」と子どもたちに質問しても、答えられない小学生のお子さまは結構おります。

文章の中に「答えを間違えて恥ずかしかったから」と書いていなくても、いわゆる**「行間を読む」ということが大切になるわけです。このような力は、幼児期に「絵を見て類推する」ことからつながっていくのです。**

指示の実行　――お買い物ごっこ

指示の実行とは、子どもたちが指示どおりに動けるか、という課題です。

例えば子どもたちに「鉛筆を二本持ってきてください」と指示を出し、しっかりとそのとおりに持ってくることができるかということです。

「何を持ってくればいいんだっけ？」「何本だっけ？」などのようなことがないようにします。二つ以上の指示を聞き取れるか、理解できるかが大切です。

日頃からお子さまに「それ取って、あれ取って」と言わずに、「机にあるお箸をお母さんのところに持ってきて」などのように、しっかりとした文章で声かけするように努めていくと良いです。

次頁のような教材を使って、お店屋さんごっこのように遊びながら学びます。

「八百屋さんで、ニンジン二本とナス一本を買ってきてください」

「お魚屋さんでサンマ三匹と、本屋さんで本を一冊買ってきてください」

女の子はすごく楽しく取り組んでくれることが多いです。年長さん（五、六歳）くらいになったら、これくらいはできるようにします。

八百屋さんでニンジン２本と本屋さんで本を１冊買ってきてください。

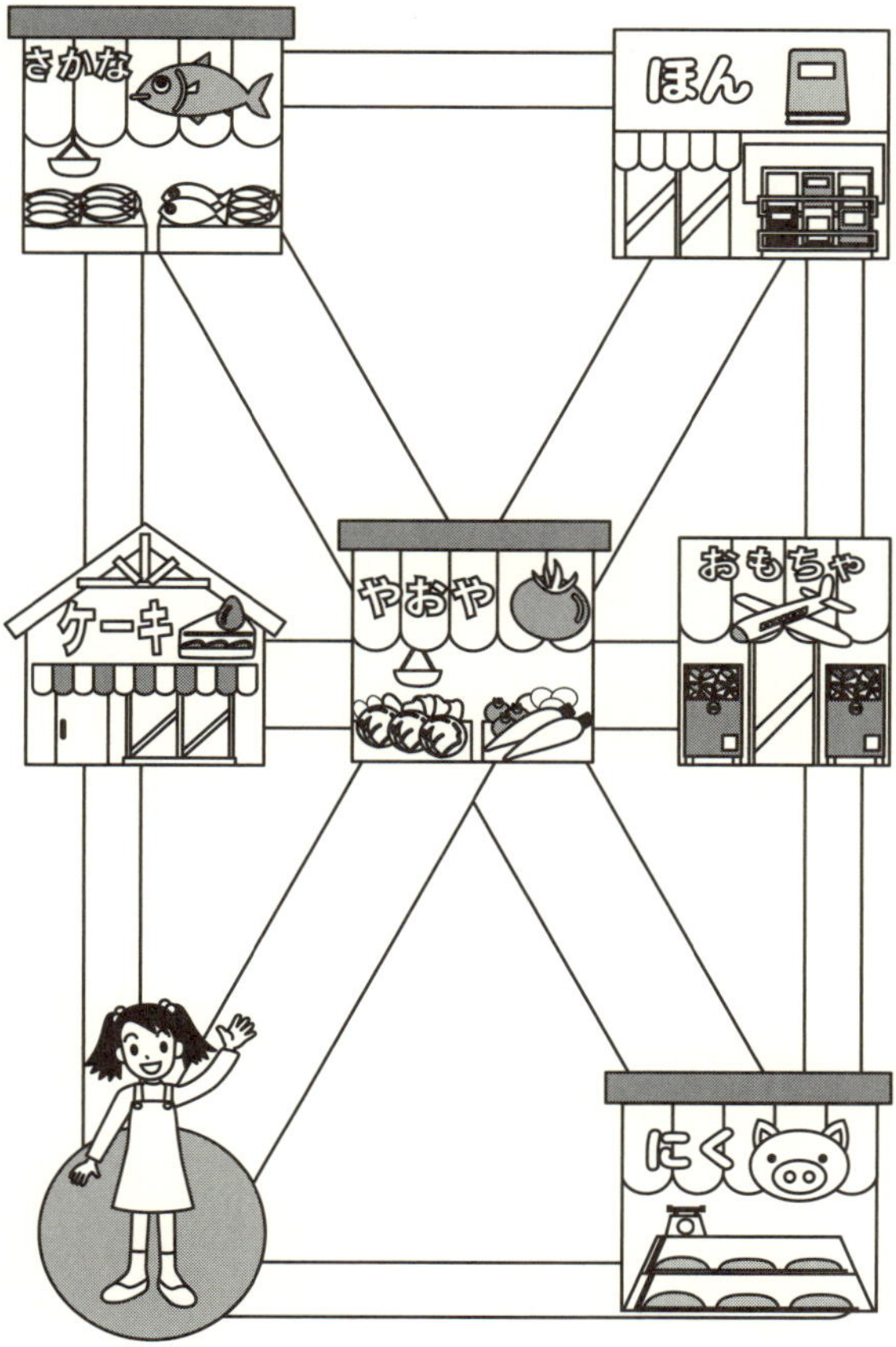

話の記憶
――言葉ではなく映像で記憶する

お子さまに物語のようなお話を読んであげて、読み終わったあとに、そのお話に関する質問をする。またはそのお話に関係する絵を見せて、間違っているところなどを指摘してもらう。こうした課題を「話の記憶」と言います。

「話の記憶」は定番の課題で、小学校受験には必ず出題されます。先生は絵本を見せず、ただお話を聞かせ、読み終わってから、子どもが今の話をちゃんと記憶しているかどうか質問をするわけです。

ご自宅で絵本の読み聞かせをしてあげますよね。最初の頃は文字が少なく、『がたんごとんがたんごとん』（安西水丸／福音館書店）のような、電車がただ走っているような絵本から始まります。そしてそれが『11ぴきのねこ』（馬場のぼる／こぐま社）のような物語のある絵本になっていきます。小学生くらいになると『かいけつゾロリ』（原ゆたか／ポプラ社）のように、絵より文字の方が多い本になり、そして大人になると、挿絵程度でほとんどが文字だけの小説のような本になるわけです。

なぜそうなのかというと、幼児期は言葉だけを聞くだけでは、頭の中でその場面や状況などがイメージできないからです。大人が絵本を読まないのは、文字だけでその場面がイメージできるからです。幼児は文字だけではイメージできないので、「絵」というサポートがあって初めて、物語の場面場面が想像できるようになるわけです。

ですので、「話の記憶」の課題をお子さまにやる時は、「頭の中で絵本を広げてみようね」や「頭の中でテレビをつけてみようね」などの声かけをし、言葉で記憶するのではなく、映像

動物たちがピクニックに行くことになりました。村はずれの大きな木のところに集合です。クマさんはリンゴ、イヌさんはイチゴ、たぬきさんはサンドイッチ、リスさんはジュース、そしてライオンさんはみんなで遊ぶボールを持って、さあ出発です。お話はこれでおしまいです。では問題です。動物たちはそれぞれ何を持っていきましたか？　線で結びましょう。

でお話をイメージできるように働きかけます。

それがうまく子どもに伝わらない時は、「今のお話を絵に描いてみようか」と提案し、映像化するとはこういうことであると理解してもらいましょう。

おすすめしないのは、夜お布団に入ってお子さまに絵本の読み聞かせをしたあとに、「動物は何が出てきたかな?」や「どんぐりをいくつ拾ったかな?」などと聞いてしまうことです。これは避けましょう。「話の記憶」の力をつけたいのでしたら、ちゃんと机に向かってお勉強をしている時にします。寝る前にそのようなことをしてしまうと、子どもは「絵本読んだあとに、またママに何か聞かれるのではないか」と思うようになり、自分が内容を憶えている本しか「読んで」と言わなくなってしまうことがあるからです。

読み聞かせは「話の記憶」の力をつける上で、とても大切です。けれど、寝る前にママに本を読んでもらうというのは、子どもにとってはすごく嬉しいことであり、ママに甘えられる時間なので、そういう時には勉強的なことは言わず、楽しく過ごすようにしていきましょう。

「話の記憶」の課題のポイントをおさらいすると、**言葉を記憶するのではなく、頭の中で場面をイメージして、映像として記憶する**ということです。

概念の深化
——動詞・形容詞・擬態語・擬声語・抽象語

❶ 動詞や形容詞

年少さん（三、四歳）くらいになったら、物の名称など具体物の名称（リンゴ・サカナ・クマなど）だけでなく、**抽象的な言葉、状態を表す言葉（形容詞、動詞など）も獲得していきます。**例えば「きれい」「かたい」「好き」「寒い」「あたたかい」「おいしい」「食べる」「走る」などです。

下の図を見てください。イチゴの絵から連想する言葉を、下から選びましょう。

イチゴのまわりに入る言葉を下から選びましょう。

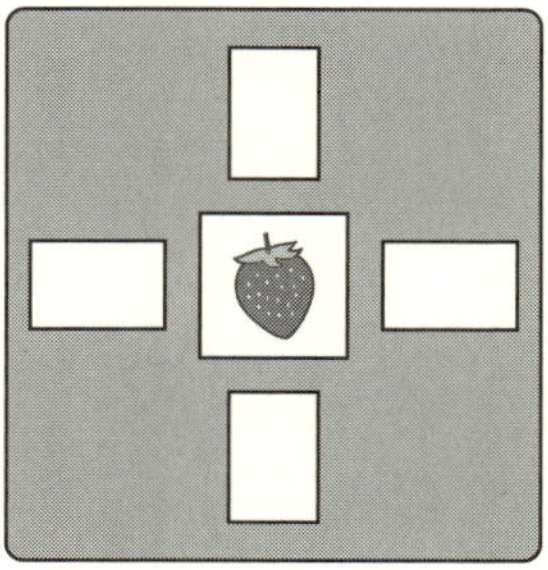

広《ひろ》い	冷たい	甘《あま》い	高《たか》い
赤《あか》い	おいしい	小《ちい》さい	深《ふか》い

❷ 擬態語・擬声語

年中さん（四、五歳）、年長さん（五、六歳）くらいになったら、事物の姿を感覚的に表す言葉も獲得していきましょう。それは、擬態語や擬声語です。

擬態語は、事物の状態や身振りなどの感じを、いかにもそれらしく音声にたとえて表した言葉です。「つるつる」「にやにや」「こっそり」などです。

擬声語は、ものの音響や音声をまねて作った言葉です。「わんわん」「ざあざあ」「がらがら」などです。

普通詞だけでなく、前述の動詞、形容詞などの言葉や、擬態語、擬声語も使えるようになると、表現力の幅が広がります。

❸ 抽象語の説明

先　生「これは何をしているところかな？」
子ども「男の子がおばあちゃんの荷物を運んであげているところ」

先　生「そうだね、優しいね。おばあちゃんは、どういう気持ちかな？」
子ども「すごく嬉しい気持ち」
先　生「こうやって優しくしてあげることを、なんて言うのかな？　こういうのを『親切』と言うんだよ」

このように、絵の状況の説明をするだけでなく、絵全体から抽象的な言葉も獲得するよう働きかけます。

「親切」「感謝」「努力」「思いやり」などの言葉は、そういった状況の絵を見せたりして身につけていきます。

文字への導入 ――絵を使って興味を持たせる

お母さまとしては、お子さまが早く文字を読めるようにしたいものだと思います。しかし、無理やり五十音を教えても、興味は持ってくれません。

最初は次頁の図のような絵文字合わせの教材を使って興味を持たせます。「とらの上部」と「とらの下部」を図形的に合わせた時に、「とら」と読み上げます。その時に文字に指を置いて名称を言います。そうすることで、「これで『とら』って読むんだね。文字って便利だね」というように文字に興味を持ってもらいます。

五十音表のような文字の羅列だけでは、子どもには面白く感じてもらえないので、このように絵と合わせて文字に興味を持たせるのです。

「うちの子はいつになっても文字に無関心なんです」という声をよく聞きますが、そういったお子さまでも必ず文字に関心を持つ時期がやってきます。その時期に文字が読めるように推し進めていけば良いでしょう。

子どもたちを見ていて感じるのは、幼稚園に入ると文字に興味を持つことが多くなるということです。というのは、文字が読める子、書ける子が必ずと言っていいほどクラスにおりますので、そういった子がお手紙を書いて渡してくれたりすると、「お返しにお手紙を書きたい」ということになるからです。子どもながらにも、お手紙を書ける子は大人っぽい感じがするから、自分もお兄ちゃんお姉ちゃんみたいになりたいと思うのでしょう。

そういうタイミングで、文字に

興味を持ち、文字が読めるようになるよう働きかけましょう。興味を持った時期にいろいろな刺激を与えると吸収も早いので、タイミングを見逃さず取り組みましょう。また、カタカナや漢字は、小学校入学前はやらなくてよいでしょう。

文字を読むのは年少さん（三、四歳）くらいからで、小学校入学前には、ある程度拾い読みでも読めるようにします。

文字を書くのは年中さん（四、五歳）くらいからで、自分の名前をひらがなで書く程度でよいでしょう。はらう、とめる、はねるなどの細かいところまでは、どの小学校でも一年生の最初から勉強しますので、文字の書き方に関しては神経質にならなくて大丈夫です。

単語の構成
――文字カードで言葉を作る

「概念」の教材は、言葉ということで文字を使うイメージがあるかもしれませんが、たいていは絵カードなどを使用して遊んでいきます。絵を見ながら子どもにお話をしてもらったり、仲間分けをしてもらったりします。

しかし年齢が上がれば「文字カード」だけで遊ぶこともしていきます。五十音の文字カードに、促音《そくおん》や拗音《ようおん》（小さい：っ・ゃ・ゅ・ょ）などを混ぜたカードを使い、五つくらい任意にカードを取り、「この五つの中から言葉を作りましょう」という遊びをします。

例えば、下の図のような五つの文字カードから、い

文字カードを使って言葉を作りましょう。
2枚でも3枚でも4枚でも5枚でもOKだよ。

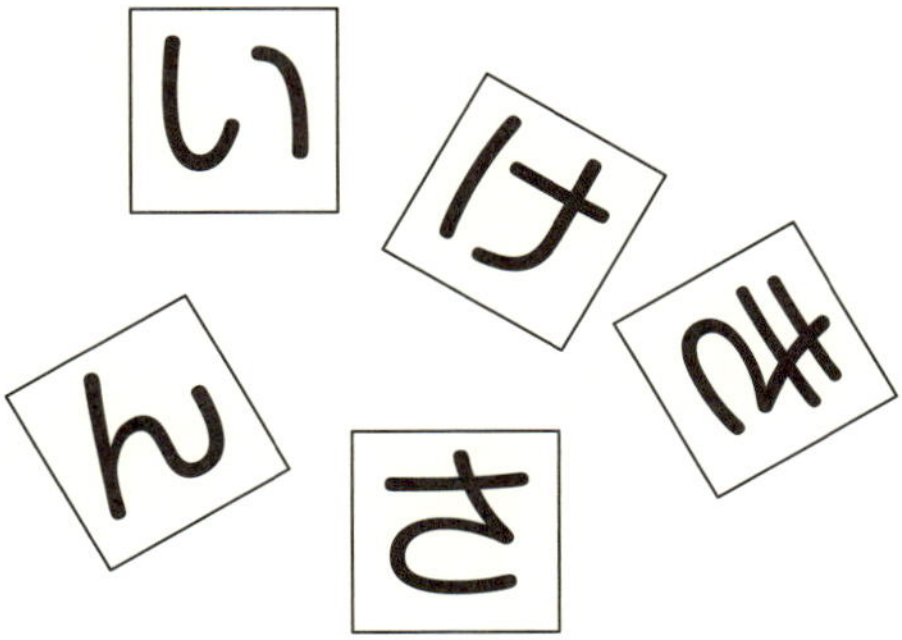

ろいろな言葉を出していくわけです。「さい」「さけ」「いけ」「いき」「けさ」「けいさん」「けいさんき」など、自分で文字をつなぎ合わせて言葉を作ります。

文字が読めるようになってから遊ぶものなので、年長さん（五、六歳）くらいでやっていきます。

つなぎ言葉 ――助詞の使い方

「○○が」「○○に」「○○を」などの**「つなぎ言葉（助詞）」の正しい使い方の習得**です。例えば下の図のように、「でんわ」のあとに「が」を入れるのか、「の」を入れるのかを考えさせる教材です。

年長さん（五、六歳）くらいになってからやっていきましょう。

「でんわ」の後に続く言葉を下から選びましょう。

でんわ

かけます　でます　かけかた　なっています

の　が　を　に

しりとり・語頭合わせ・語尾合わせ
——概念の領域を広げる

「概念」の領域を広げていく遊びとしては、しりとりが定番として楽しいです。

また、語頭合わせ・語尾合わせの場合は、「『か』のつくものを、ママと競争していっぱい言おう！」のようにして遊んでいきます。

下の図のように、絵カードを使ってしりとりになるように並べ替える遊びも良いでしょう。

しりとりになるようにつなげましょう。

地図の道順 ――左右の理解

地図を使ってお人形さんを動かす教材です。

先生やお母さまが、「八百屋さんに行って、ニンジンを買って、道を左に曲がって……」などのように指示を出し、子どもに人形を動かしてもらって遊びます。地図の中のいろいろなお店の名称や何をするところなのかなどをお話ししてもらいましょう。

そして**先生の指示どおりに動けるか、左右を理解できているかなどを確認します。**

「なおみちゃんは一つ目の角を右に曲がり、郵便ポストに手紙を出しに行きました」

これは、子どもたちにとっての左右ではなく、お人形さん（なおみちゃん）にとっての左右になるので難しくなります。

年長さん（五、六歳）くらいで、遊びながら学びましょう。

なおみちゃんは一つ目の角を右に曲がり、郵便ポストに手紙を出しに行きました。お人形さんを動かしてみましょう。

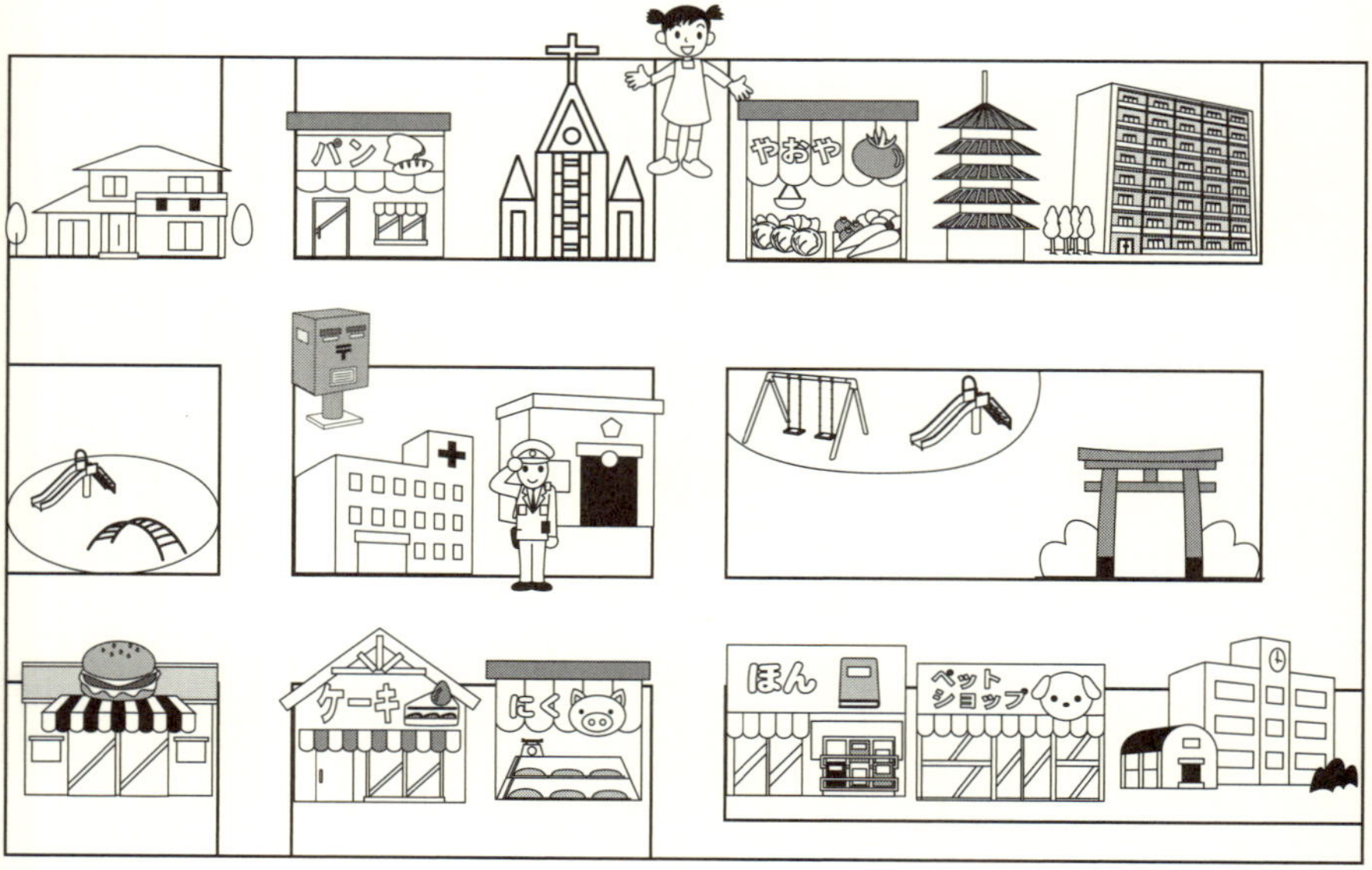

第7章

創造力豊かな子に育てる!

これまで「知能、知能」ということを申し上げてきましたが、あまりに言われると、すごく頭でっかちな子どもに育ってしまうのではないかと、そういった印象をお持ちの方もいらっしゃるかもしれません。一方、「創造力が豊かな子ども」と聞くと、非常に頭の柔らかい、伸び伸びとした子どもというイメージを持たれるでしょう。

この章では、「知能が高い子ども」と「創造力が豊かな子ども」というものには相関関係があるのか、もしくはないのか、そういった話をしていきたいと思います。

アイデアや創意工夫も創造のうち

「創造力」「創造性」という言葉を聞いて、皆さんは何を思い浮かべますか？　決してマイナスイメージの言葉ではないですよね。創造力が豊かと聞くと、すごく頭の柔らかい人、柔軟な人という印象を持ちます。私は創造力と聞くと、クリエイティブ、単に英語にしただけですが、自分で考えてものを作り出す、そんなイメージが出てきます。

ちなみに広辞苑で「創造」という言葉を調べますと、「新たに造ること。新しいものを造りはじめること」、そして創造力の反対語として「模倣」と記されています。

なんだかこんなふうに話していますと、「創造力」「創造性」というのは、平々凡々の自分とはすごくかけ離れていて、例えばニュートンやエジソンなどの偉大な発明や発見、もしくはピカソなどのような偉大な芸術、そういったものが思い浮かんでしまいますが、そんなに偉大なものだけではなく、例えば、創意工夫やアイデア、改良、改善というものも創造性に含まれるわけですから、そのような見方で本章を読んでいただければと思います。

まず、創造性は大きく二つに分けることができます。

①相対的創造性

②絶対的創造性

では、それぞれを詳しくお話ししましょう。

相対的創造性
――客観的・社会的な創造

相対的創造性とは、これまで誰も考えていないことを考え出し、そしてそれが社会的に有用であること。つまり、客観的・社会的な創造のことです。

他と比べて、新しいこと、誰も考えつかないこと、他の人ができないことなどを行うことであり、他者から見ても「すごい」や「さすが」と言われるようなことです。例えば、新製品の開発、斬新なデザイン、素晴らしい芸術作品、学問上の新しい理論の提唱などがこれにあたります。

具体的な例をあげると、東京の地下鉄の駅ホームには「乗り換え便利マップ」というものが掲示されているのですが、これは「この電車の○両目に乗ると、次の駅で△△線に乗り換える時に、エレベータがすぐ近くにあって便利」などの情報がマップになっているものです。

実はこのマップ、地下鉄の職員の方が考えて作ったものではないのです。ある主婦の方が考えついたものです。その主婦の方が、自分の赤ちゃんをベビーカーに乗せて電車で出かけると、エレベータを探すのにホームを行ったり来たりしてすごく不便だと、なんとかならないものかなと思って、「この車両に乗っていればエレベータが近くて便利。そうだ、各駅ごとにマップを作ってみよう」と思いついて、自分で実際にいろいろな電車に乗って作ったものなのです。そしてそれが、地下鉄やＪＲに採用されたということです。

このマップは他者から見ても非常に便利なものですし、社会的にも有用であるわけですから、相対的創造性になります。

絶対的創造性
――主観的・個人的な創造

絶対的創造性とは、社会的には既知、すでに知られていることであるけれど、その個人にとっては初めて考えついたこと。つまり、主観的・個人的な創造のことです。

自分は「素晴らしい発明だ！」と思っても、すでに世の中には存在していたとか、新しい製品を作ったと思っていたら、すでに企業から発売されていた、というようなことです。これらは他人から見たら創造的ではないかもしれませんが、その個人にとっては新発見だったり、発明だったりするのです。

例えば小学生くらいの子どもが、お風呂に入った時に湯舟からお湯がざぶーんとあふれ出たのを見て、自分が入る時よりも、お母さんが入った時の方がいっぱいあふれ出ると気がつき、「あっ、そうか！　お母さんの方が僕より大きいから、お湯がたくさんあふれるんだ！　お母さんの大きさの分だけ、お湯があふれているんだ」と思いついて、これを「市川創の原理」と名づけたとしても、これは皆さんご存じのように「アルキメデスの原理」ですよね。

このように、社会的にはすでに知られていることではあるけれど、その個人にとっては初めて考えついたことを、絶対的創造性と言います。

しかし、この絶対的創造性は、相対的創造性を養うにあたって、とても大切なことなのです。「絶対」と「相対」、言葉では何か同列のような気もしますが、絶対的創造性の奥に相対的創造性があるという、そんなイメージを持っていただければと思います。

創造の過程　――ワラスの四段階説

では、相対的、絶対的なものを含めて、創造性とはどういうプロセスで完成するのでしょうか。実はそれを調べた学者がいます。

◆ワラス（Wallas）の四段階説

心理学者のワラス（一八五八～一九三二）は、過去の偉大な科学者、芸術家たちの、創造に至るプロセスを調べました。そして、創造の過程（プロセス）には四つの段階があると説いたのが、「ワラスの四段階説」です。

ワラスは創造の過程を、無意識の時も含めて次の四つの段階に分けています。

①準備期
②孵化期

③啓示期
④検証期（整理期）
では、それぞれを詳しく見ていきましょう。

①準備期

準備期には、多くの資料や文献を集め、検討し、学問的にも研究をし、仮説を立てては崩すという作業を繰り返し行います。

新しい発明や発見、そういったもののために多くの資料や文献を集めたり、自分が今まで培ってきた知識や常識などを記憶から掘り起こして、「あーでもない、こーでもない。これを加えたらどうだろう？　こういう見方をしてはどうだろうか？」などと仮説を立てては崩し、また仮説を立てては崩すという作業を、何十回も何百回も繰り返している時期のことです。つまりは、資料集めをして、研究をして、試行錯誤、検討している時期のことです。

例えばエジソン。携帯電話の絵文字やラインのスタンプで「ひらめき」と入力すると電球みたいな絵が出てきますが、これはエジソンの電球の発明からきているのではないかと思うほど、電気、電球といったらエジソンですよね。彼は、「電球のフィラメントの材質を何にしたらいいか」ということに対して、様々な材質で二千数百回試したそうです。フィラメントとは、電球の中のギザギザな部分です。この材質を考えることで、電球自体は実はその前にすでに別の人、イギリスのスワンに発明されていたのですが、エジソンがフィラメントの材質を竹にしたことで、電球の寿命が一〇時間程度から一二〇〇時間以上まで延びて、実用に耐えうるものになったのです。木綿糸や友人のひげなどいろいろ試したけれどうまくいかず、机の上にあった竹の扇子の竹を使い、成功したということです。ですからエジソンも、いろいろと研究をして試行錯誤していたのです。

以上のことからも、どんな発明・発見でも「無から有は生じない」ということがわかります。何もしていないのに、突然アイデアが湧いて出てくる、ひらめく……ということはないのです。勉強も研究もしないのであれば何も出てきませんよ、ということです。

このように、仮説を立てて、あーでもない、こーでもないと試行錯誤する時期を、ワラスは「準備期」と呼びました。

②孵化期

孵化期は、その研究から一時離れて、そのことについては考えていない時期のことです。いくら勉強しても研究しても、まったく成果が表れず、考えあぐねて壁に突き当たる時期でもあります。

おそらくエジソンにもそんな時期があったと思います。そんな時は気分転換に散歩に行ったり、お酒を飲んだり、そんなこともしていたのではないでしょうか。つまりはひと時、その研究から離れて距離を置いている時期のことです。

もちろん研究のことを完全に頭から追い出すのではなく、頭のどこかには引っかかっていて、無意識では考えていたり、アイデアの発酵が進んでいたりします。けれど、意識的には他のことを優先しているような状態のことです。

③啓示期

啓示期は、アイデアや結論がひらめく時期です。

例えばある日、朝起きて顔を洗っている時に、「あっそうだ!」とひらめきが走って、画期的な考えが思い浮かぶような時のことです。

その瞬間をワラスは啓示期と名づけました。「啓示」と聞くと、何か神がかっているように思えますが、なんてことはない時に、パッと画期的な考えやアイデアが浮かぶ状態、時期のことです。

④検証期（整理期）

啓示期に起こったひらめきやアイデアを世間に発表する、万人に知ってもらうために体系立てて整理をする時期のことです。

あるひらめきがあって、「これは絶対にヒットする！　売れる！」または「この発見は素晴らしいものだ！　大丈夫だ！」と自分自身では確信しているけれども、それを世間に認めてもらうためには、裏づけや論理的な説明が必要になります。その結論にたどり着くまでの道筋を整理し、体系立てをする時期を、検証期（整理期）と呼びます。

ワラスは、「この四つの段階を通して創造を完成させる」と唱えたわけです。

◆ワラスの四段階で見るニュートンの創造の過程

ワラスの四段階のプロセスを、ニュートンが「万有引力の法則」を発見した過程になぞって考えてみましょう。

①準備期

ニュートンはまず初めに、「なぜ、上の物は下へ落ちるのか」という疑問を持って、常にそのことばかり考えていました。普通、そんなこと自体考えないですよね。

「物や人は高いところから落ちるのに、月はどうして落ちないのだろう？　なぜだろう……なぜだろう……あっ、わかった！　一〇〇キロ以下のものだけ落ちて、それ以上のものは落ちないんだ！　……いや、待てよ、重かったら普通、すぐ落ちるよなあ。重さじゃなくて大きさかな……」

などなど（このあたりは私の想像ですが）、ニュートンはいろいろな仮説を立てては崩すという作業を繰り返しやっていました。

そして、様々な文献や学説を調べ、研究をしていました。

これが「準備期」にあたります。

②孵化期

ニュートンは様々な可能性を考えました。しかし、一向に結論が出てきません。ちょっと散歩にでも行って、このことを考えるのをやめようと、リンゴ畑に行ってぼーっとしていました。

これが「孵化期」です。

③啓示期

リンゴ畑をぼーっと眺めていたら、リンゴが木から落ちるのを見ました。その時、ピカッと「リンゴと地球が引き合っている！」と思いついたのです。もしかしたら、寝転がって横に見ていたから、そんなふうに見えたのかもしれません。

この「ひらめき」を感じた時が「啓示期」です。

④検証期（整理期）

この「ひらめき」だけでは、「万有引力の法則」は完成しません。「なぜ、リンゴと地球は引き合うのか？」「なぜリンゴが地球に引き寄せられるのか？」などを、学問的に誰もが納得するよう整理をして、科学的整合性があるように体系立てることが必要になってきます。

これらの時期が「検証期（整理期）」にあたります。

そして、かの「万有引力の法則」が完成したのでした。

創造性と知能の関係
――ワラスの四段階と知能因子

ではいよいよ、「創造性」と「知能」とはどのような因果関係があるのかを考えていきましょう。

知能以外に、何か創造性という特殊な能力があるのでしょうか？　それとも、知能と創造性には密接なつながりがあるのでしょうか？

創造性の過程に知能が働いているのかどうかを検証するために、第２章でお話しした「知能因子」が、ワラスの四段階の中の、どこでどういうふうに使われているかを考えていきたいと思います。

まずは知能因子の復習から。

◆「受容的思考」は、外部の情報を正しく受け取れる能力。「理解力」や「認知能力」のことです。絵本を読んで、「こういうお話なんだな」と理解できることです。幼児で言えば、お母さまが言ったことがわかる、理解できるということです。

◆「集中的思考」は、二つ以上の事柄から一つの結論を導き出す能力です。「論理的思考」と言い換えるとわかりやすいと思います。「A＝B」「B＝C」「C＝D」という二つ以上の条件から、「ゆえにA＝Dである」という答えを導き出すなどということです。

◆「拡散的思考」は、一つの事柄から、いろいろな方面に思い巡らす能力です。「連想力」や「思考の柔軟性」のことです。集中的思考の反対、と覚えてください。『「ニンベン」のつく漢字をいくつ書けますか」などの課題です。

◆「転換的思考」は、ある事柄を別の方面から見直す能力です。「ひらめき」や「気づき」のことです。数学者のガウスが少年だった頃、先生に「1から100までの数字を足すといくつ？」と尋ねられ、掛け算をして答えた話を思い出してください。

◆「表現的思考」は、内部の情報を的確に外部に表現する能力です。内部の情報とは自分ではわかっていること、それを上手に話ができるかということです。

◆これらにプラスして、あとは記憶（記銘・保持・再生）です。

では、これらがワラスの四段階の中の、どこでどういうふうに使われているかを考えてみましょう。

①準備期

ここでは多くの資料や文献を集め検討し、学問的にも研究をし、仮説を立てては崩すという作業を繰り返し行います。

まず、「多くの資料や文献を検討し」とは、その資料や文献を読んで理解するということですから、受容的思考を使っています。そして、これまでの自分の知識や情報などを思い出し、外部の情報と結びつけることもしているので、記憶力も駆使していることになります。記憶力は本来、記銘・保持・再生に分かれていますが、ここではまとめて記憶力として話をしていきます。

次に、「仮説を立てる」とは、Aという条件とBという条件からCという仮説を立てるというふうに、論理的に考えて行うことなので、集中的思考が主に働いています。

そして「仮説を立てては崩し、また仮説を立てては崩す。それを何度も繰り返す」ということは、そういった仮説をいくつもいくつも思いつくことができるわけですから、拡散的思考が働いていることになります。ニュートンの例でいうと、「リンゴは落ちるのに、月は落ちない」という事実から、いろいろな仮説が思い浮かぶということです。

ということで準備期には「受容的思考」「記憶」「集中的思考」「拡散的思考」が働いているることになるわけです。

②孵化期

そのことから一時離れて、何も考えないでぼーっとしている時期です。つまり、意識的にはどんな知能因子も使われていないことになります。

③啓示期

答え、結論が「ひらめく」時です。ニュートンの例でいうと、「地球とリンゴが引き合っている」ということに気がついた時です。

「リンゴが木から落ちる」という概念を、「地球とリンゴが引き合っている」という概念に転換をしてひらめくということですから、転換的思考が働いていたことになります。

灯油ポンプってありますよね。灯油をポリタンクからストーブの灯油タンクに移し替える時に使うものです。今は電動のものもありますが、昔は手動で、ポンプを手でシュポシュポ押して、空気圧と弁を使って灯油を移し替えていました。あのポンプの原型は、実は「醤油チュルチュル」という名前なんです。

変わった名前ですが、それを発明した人は、当時はまだ中学生だった発明王のドクター中松さんだそうです。中松さんは、お母さんが醤油を一升瓶から醤油さしに移し替える時に、こぼれてしまってなかなか上手にできないのを見て、お母さんに楽をさせてあげたいと思い、あの灯油ポンプの元になったものを発明しました。元々は醤油用だったので「醤油チュルチュル」という名前なのです。それが転じてさらに改良され、現在では灯油ポンプとして使われているそうです。

ドクター中松さんも、パッと何かひらめき、転換的思考を使って思いついたということですね。

④検証期（整理期）

ニュートンの例でいうと、「リンゴが木から落ちるというのは、地球とリンゴが引き合っているんだ。これは万有引力の法則が働いているからなんだ」と、理路整然と体系づけて、適切に表現する時期のことです。

現代であれば、「適切に表現する」とは、学術的なことなら学会等で論文を発表したり、

「ネイチャー」などの雑誌に論文を書くことになるわけです。
この時期は、ひらめきを中心に、すでにある情報と照らし合わせて体系を作っていくので、論理的な思考＝集中的思考が働いています。そしてそれらを、誰もが理解でき納得できるように説明をするので、表現的思考も働いています。

以上のようにワラスの四段階に使われている創造の過程を検討してみると、記憶・受容的思考・集中的思考・拡散的思考・転換的思考・表現的思考――知能因子のすべてが使われていることになります。

つまり、**創造とは知能全体の働きであり、創造性や創造力と言われる何か特殊な能力が存在しているわけではない**ということがわかります。

創造性とは知能の所産であり、知能因子を駆使して生まれてくるものなのです。

この創造の過程の中で、特に重要な知能因子は、ひらめき＝転換的思考です。そして次に大切なのは、「いろいろな仮説を立てる」という、様々な方面に思いを巡らす能力である拡散的思考と、常に「なぜそうなのか？」と考える論理性＝集中的思考と言えるのではないでしょうか。

これらのことから、創造性の豊かな人は、転換的思考、拡散的思考、集中的思考の高い人であると言えます。

以上のことから、「うちの子は、頭は良くなくてもいいから、創造力の豊かな子に育ってほしい」という言葉があるとしたら、それは間違いで、正しくは「知能が高い子は創造する可能性が高い子である」と言い換えることができると思います。

第8章

本性論

すぐに飽きてしまう子どもたちへ

大人は理性が強く、子どもは本能（本性）が強い

「うちの子はすごく飽きっぽくて、全然、集中力がないんですよ」

こんな言葉をよく耳にします。

子どもを飽きさせないためには、どうすれば良いのでしょうか。

このことを考えていくためには、まず、人間（子ども）にはどういった性質があるのかを理解してから答えを導き出したいと思います。

人には「本能（本性）」と「理性」があります。

本能（本性）は、生まれもって持っている性質や能力のことです。

理性は、感情におぼれずに、筋道を立てて物事を考え判断する力です。

大人は本能より理性の方が強いです。本能的に「お腹がすいたな～。でも、お金をあまり持ってないんだよなあ～」と思っても、お店のパンを盗んで食べたりなどしないですよ

ね。それは理性が働いているからです。

しかし**子ども、特に幼児は、そういった理性より本能の方が強いことが多いのです。**「夕飯の前にはお菓子を食べすぎてはいけない」と、日頃、お母さまから言われているのに、本能に負けてお菓子を食べすぎてしまう……そんなことはありませんでしょうか。動物は本能のまま動くとも、よく言いますね。

知能教育をするにあたって、子どもたちの本能をうまく利用していけば、やる気や集中力も出てくるのではないでしょうか。

ちなみに脳科学的では、本能のことは「本性」という言葉を使用しますので、これからは本性という言葉で話を進めていきます。

本性の分類

本性はいくつかに分かれているので、子どもの教育に関係する本性を主に見ていきましょう。

❶対敵性（攻撃性・逃避性）

対敵性とは、生命をおびやかす外界の敵から、自らの身を守ろうとする本性のことです。攻撃性・逃避性という二つの要素があり、攻撃性＝敵に向かっていく能力、逃避性＝危険を感じて逃げる能力です。

動物で言えばライオンやトラは攻撃性の高い動物で、リスやウサギは攻撃性より逃避性が勝っている動物です。しかし、皆両方の要素を持っています。どちらか一方しか持っていない動物はいません。ウサギだって、窮地に立てば一転して敵に向かっていくこともあ

ります し、窮鼠猫を噛むなんていう故事もあるわけです。

人間も同様で、攻撃性・逃避性の両方を持ち合わせています。日常生活の中で敵に襲われるという状況はほぼないですが、対敵性という内部エネルギーによって動かされる行動はあります。

例えばゲームをして、「相手に負けたくない！　悔しい！」と思うのも、対敵性というエネルギーからくるものです。また、ゲームをして負けたら二度とやらない。これは負けたくないための回避＝逃避性の表れです。自分が勝つまで何度も同じゲームをやろうとするのは、攻撃性の表れです。

このように、対敵性とは外界の敵から自らの身を守るための本性であり、攻撃性・逃避性の両方の要素があるのです。人によって、攻撃性が強いタイプ、逃避性が強いタイプという個人差はあります。

東京英才学院にもゲームをしながら進めていく教材がありますし、ご自宅でもトランプやカルタやオセロのような、勝ち負けを競うゲームがありますよね。それらを子どもたちと遊ぶ際に、時にはわざと負けてあげたり、あと一歩のところで勝ったりなど、子どもたちの本性をうまく利用して知能教育をしていくと良いのではないでしょうか。

ゲームではない課題でも、「ママと競争ね」「ママよりもたくさん考えられるかな」のような言葉かけにより、ゲームでなくてもより興味を持って取り組めることがあります。
また逆に、負けるのがいやでなかなかやらない子は、逃避性の強い子かもしれません。
その場合は、大人がうまく負けてあげる必要が出てきます。「こうしたら負けないよ」と言葉をかけたり、ゆっくり考えられる時間をとってあげれば、慎重ながらもゲームを行い、負けないために一つひとつの手をじっくり考えるようになることもあるでしょう。

知能遊びやゲームは、それぞれの子どもの性質をよく見極めて進めましょう。攻撃性の強い子には「ママと競争ね」と言って刺激をし、逃避性の強い子には、わざといっぱい負けてあげて、ほめて伸ばします。

❷ 適応性（模倣反射・探究反射）

人間や動物は、**周りの環境に適応するための本性**を持ち合わせています。その本性のことを**適応性**と言います。

模倣反射＝真似したい、探究反射＝知りたいという本性で、動物の場合は特にこの模倣反射と探究反射から、環境に適応するための行動を獲得していきます。

例えば、動物の模倣反射としては、親鳥がそばで土をついばんでいるのを見たヒヨコは、「真似したい！」という模倣反射のエネルギーから、親鳥のように土をつつくしぐさをします。その結果、エサを得て、エサのとり方を学び、親鳥がいなくても生きていくことが可能になっていき、環境に適応していきます。

人間においては、言葉などが顕著です。子どもがお母さまの言葉を真似して、同じような言葉遣いでお話をしたりします。

探求反射では、例えば赤ちゃんや子どもが机の引き出しを片っ端から開けていく行動。また、「どうして？」「なんで？」とすぐに聞いてくる行動。これらはまさに探求反射からくる行動です。「隠れているものが見たい」また「どうしてそうなるのか知りたい」、こういったものが子どもたちには備わっているわけです。

興味・好奇心が強いほど、社会の現象を見て、模倣したり、知ろうとするので、より社会に適応しやすくなるわけですが、この源にあるのが適応性という本性なのです。子どもたちは生まれながらに適応性という本性を持っています。

「うちの子、挨拶がしっかりできなくて困るんです」

そんな悩みを抱えたお母さまもいらっしゃると思います。けれど「ちゃんと挨拶をしなさい！」と言葉で子どもに伝えるだけで、実際には自分がきちんと挨拶をしていなかったということがあるかもしれません。日頃から夫婦の間でも「ありがとう」「おはよう」など、しっかりと言葉に出して挨拶する姿を見せることが大切だということです。

「ちゃんとありがとうと言いなさい」と言葉だけで子どもに言うのではなく、お母さまが日頃から「ありがとう」と言っている姿を見せて、子どもに模倣させるのです。

子どもの探求反射をうまく使う場合は、子どもの「なぜ?」「どうして?」という言葉にきちんと答えることで、さらなる好奇心を引き出しましょう。その結果、様々な思考や知識を習得していきます。

このように、**本性をうまく生かしながら子どもと接して、知能教育を進めていきます。**

子どもの本性を利用した「数の分割」の遊び方

では、以上のような本性をうまく使って、子どものやる気を引き出す具体的な遊び方をご紹介しましょう。

数の授業をやる時、もしくはご自宅で数関係の遊びをする時には、おはじきを使って遊んでから始めると興味を持ってくれます。

まず、子どもの前におはじきを五個並べ、

「これは、何個あるかな？」

と発問して、子どもに指を置きながら数えてもらいます。

「そうだね、五個だね」

五個のおはじきを先生（お母さま）が手に取り、子どもに見せないようにしながら、おはじきを右手には二個、左手には三個握り、それぞれの手をグーにします。子どもには、どちらの手にいくつ入っているかはわかりません。

何個あるかな？　そうだね、5個だね。

そして右手だけ開き、握っていたおはじきを見せます。

「あ、二個ある！」

「そうだね。そうしたら、左手の中には何個入っているでしょう？」

5個のおはじきを手の中に隠します。

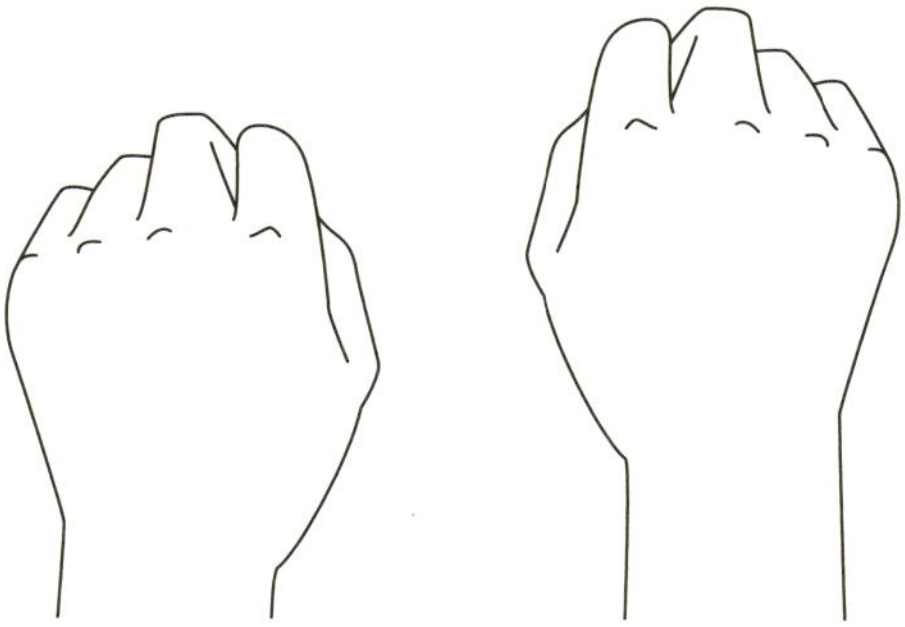

右手には2個入っていました。左手には何個入っているでしょう？

このようにして、様々なパターンで「数の分割」の課題をやっていきます。
これは、子どもたちは本性として「隠れているものを見たい！」という探求反射がありますので、それを利用した遊びです。

子どもに数の分割を教える時に、「5は、2といくつに分けられるかな?」と味気なく発問するのではなく、このようにおはじきを使い、手の中に隠して、「隠れているのが見たいなあ。なんだろう?」という子どもの探求反射をうまく使って進めていった方が、興味を持ってくれますし、楽しみながら数の分割をやってくれます。

探求反射を利用したカード遊び

次は、親子カード合わせの遊びです。

「おたまじゃくし—カエル」「ひよこ—にわとり」「青虫—蝶」といった、関係するもののカードを合わせる遊びです。

　この親子カード合わせの遊びをする時も、最初からすべての絵カードを神経衰弱のように子どもの前に出すことはしません。

　まず、子のカード（おたまじゃくし・ひよこ・青虫）だけを空き箱に入れておき、空き箱を振って音を立てます。

「音がするね〜。この中に何が入っているんだろう？

親子はどれかな？

じゃーん！　カードが入っているね」

子のカードを重ねて裏返しにし、子どもの前に置きます。そして一番上のカードを一枚めくり、例えば、おたまじゃくしのカードが出たら、「名前はなんて言うのかな？」「何色をしてる？」「どういうところにいるのかな？」などを尋ねます。名称から様々な属性を広げていくのです。

そのあとに、机の上に親カード（カエル・にわとり・蝶）を並べ、「それじゃあ、おたまじゃくしのお母さんは、この中のどれかな？」と言って、親カードの中から子どもに選んでもらいます。

このようにして、飽きがこないように探求反射を利用して課題を進めていきます。

お母さまは、**お子さまの本性傾向を理解し、その子どもの次の行動をある程度予測し、適切な対応をすることが重要です。つまりは、子どもが飽きないように、そして集中して学びを進めるために、また、その成果を最大にするためには、本性を利用することが必要になるわけです。**

本性の他の種類

ご参考までに、本性は他にも種類があるので、それを図解しておきます。

「個体維持」の本性とは、その生物自身が生きていく上で生まれながらに持っている本性で、物を食べたり、排泄したり、病気を治したり、周りの環境に適応したりする本性です。

「種族維持」の本性とは、子どもを産んだり、育てたり、生きていく上で集団となっていく本性です。

個体維持の本性は三つに分けることができます。

①恒常性＝呼吸する、食べるなどの基本のエネルギー

②対敵性（攻撃性・逃避性）※前述を参照

③適応性（模倣反射・探求反射）※前述を参照

本性論（人間の本能）

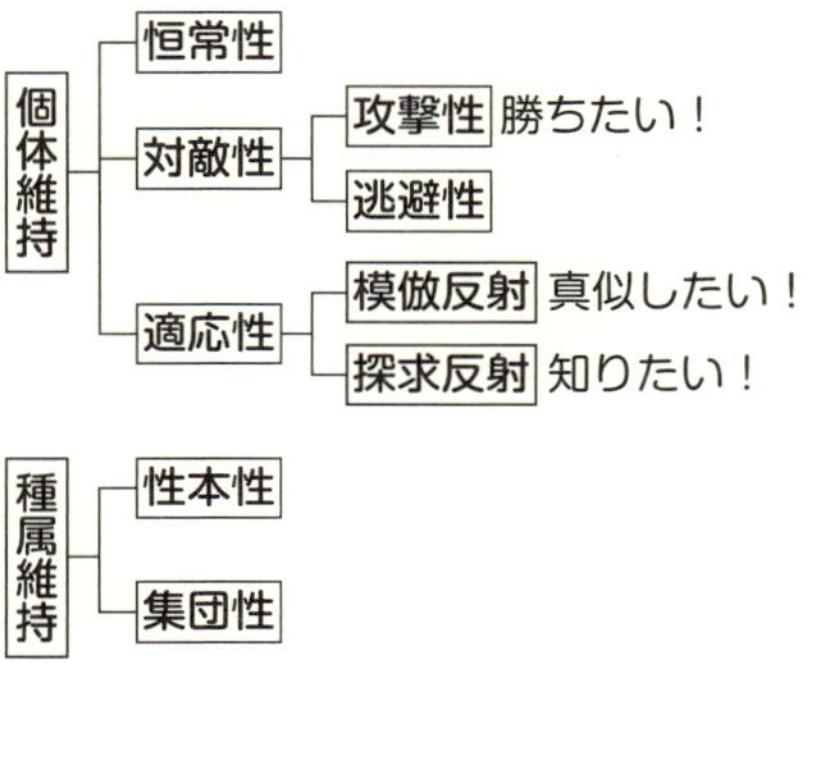

種族維持の本性は二つに分けることができます。

①性本性

その名のとおり、動物や人間が自らの子孫を残すために持っている本性です。性本性からのエネルギーにより性的欲求を生じ、雄は雌を、雌は雄を求めますが、その発露は他の本性に比べて大変遅い時期であり、人間では思春期になります。

②集団性

人間は生きる時に必ず集団を作るという本性です。夫婦・親子・家族・学校・社会・民族社会・国家などです。自分の子どもしか育てない本性よりも、同じ種属ならばどの子でも育てる本性を持っている種属の方が、繁栄するに違いありません。それらを「母性」と呼んでいます。

幼児に関して言えば、攻撃性・逃避性・模倣反射・探究反射を意識して対処していれば良いでしょう。どうしても集中できない時は、「ママも一緒にやってみようかな」と子どもに寄り添って一緒にやってみましょう。そして、何かを成し遂げた時は、思いっきりほめてあげます。自信につながり、次のステップに取り組むことができるでしょう。

第9章

実際の授業を見てみよう

数の置換の課題

「数の置換」は非常に難しい課題なので、どのように授業を進めていくかを、より詳しく見ていきましょう。

何リットルの水かな？

これは、「何リットルの水かな？」という年長さん（五、六歳）の教材です。

まずは前提として、大・中・小の三種類のコップの絵カードがあり、大のコップ一杯は、中のコップ二杯と同じ量の水が入り、中のコップ一杯は、小のコップ二杯と同じ量の水が入る、ということになっています。

大のコップ１杯は中のコップ２杯と同じ量のお水が入る。

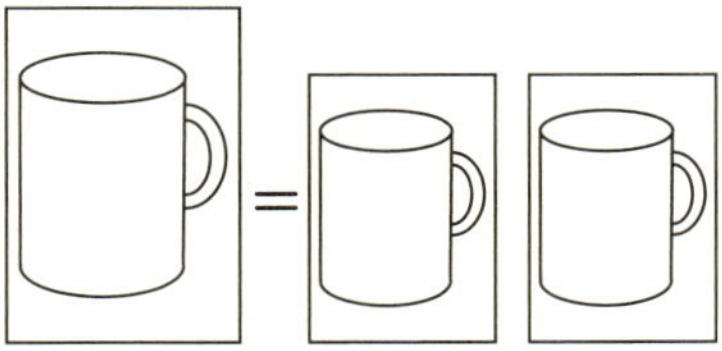

中のコップ１杯は小のコップ２杯と同じ量のお水が入る。

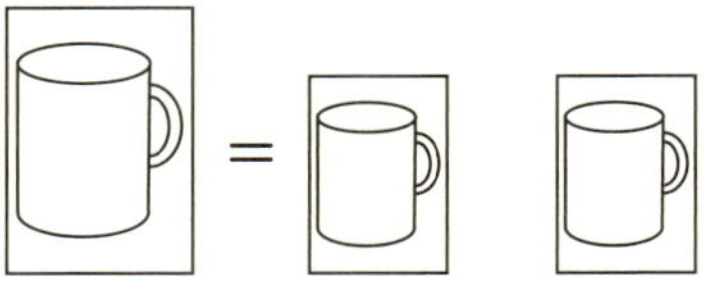

「それでは、（左の図を見せて）上の絵のようにコップがある時と、下の絵のようにコップがある時では、どちらが多く水が入りますか？　または同じですか？」という遊び方です。つまりは数の置換がしっかりできるかという課題です。

上と下どちらの方が多く、お水が入りますか？
または同じですか？

子どもたちにとって、今まで「数」は、そこに一個あれば一個と数えてきましたが、この教材は、例えばここに小のコップが二杯あった場合、中のコップに置き換えると一杯になると数えるわけです。「数には、このように、いくつかのかたまりを1と考える必要がある」という考え方です。実際にはそこに二つあるのに1と数えるなど、「数にはそのような使い方があるんですよ」ということを理解することがこの教材の意義となります。

今回は実際に授業をした時の様子でお話を進めていきます。

まず初めに、机の上には使用するコップの絵カードだけを用意します。いろいろなものが置いてあると、子どもたちの興味が散漫になってしまうので、できるだけ今使うものだけを机に置くようにしましょう。ご自宅でも同様です。

まずは導入です。

「今日、先生、走ってここまで来たから、のどがカラカラなんだよね。それじゃあ、この『中のコップ』でオレンジジュースでも飲もうかな。たかし君も何か飲みますか？　たかし君には、先生のコップよりちょっと大きいコップ（『大のコップ』）でオレンジジュースをあげます。はい、どうぞ。たかし君のコップ、大きくていいな。たかし君、飲んでいいですよ」

ゴクゴクゴク——。

「おいしかった？　もっと飲みたい？　そうしたら先生はまだ飲んでないから、先生のオレンジジュースあげるね。たかし君の『大のコップ』にオレンジジュースを移します。ジョボジョボ……はい、ここまで入りました。先生のコップの方が小さいから、たかし君のコップはいっぱいにならないなあ。（そこで、もう一つ『中のコップ』を取り出して）もう一つあるんだよ。（オレンジジュースをたかし君の『大のコップ』に移す）はい、これでたかし君の『大のコップ』は、いっぱいになりました。

今日は、こういうお約束があります。よく聞いていてください。この『中のコップ』二つと、『大のコップ』一つは、同じだけオレンジジュースが入ります。そして、『小のコップ』二つと、『中のコップ』一つも、同じだけオレンジジュースが入ります」

と、大・中・小のコップの説明をします。

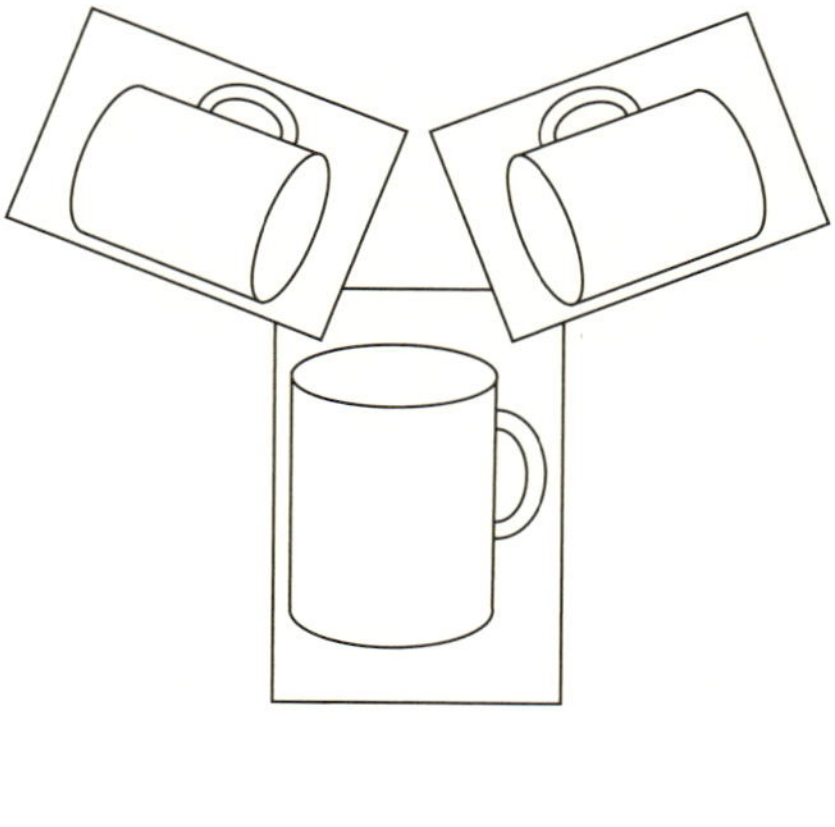

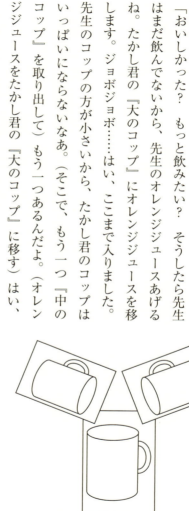

コップの絵カードを使い、まるで本当に飲んでいるようにちょっと芝居がかっていますが、「楽しみながら知能を伸ばす！」という教育方針で行っておりますので、このように子どもたちの興味がわくように授業を進めていきます。

これを最初から、例えば大人の表現で、「大のコップは中のコップ二杯に置き換えられます」と先生が言ってすぐ授業を始めてしまうと、なかなか子どもたちの興味がわかないと思いますし、面白くないのではないかと思います。

さて、ここからは繰り返しいろいろな移し替えの練習をします。

発問①

「それでは、『小のコップ』四杯を『中のコップ』に移し替えるとどうなるかな？」

これは、最初の約束さえ理解していれば、「中のコップ二杯」とすぐに回答できるでしょう。

小のコップを中のコップに移しかえましょう。

最初は条件をしっかり理解しているかを確認したいので、こうした簡単な課題から始めます。

発問②

「それでは次は、数が多くなるよ。『小のコップ』八杯を『大のコップ』に移し替えるとどうなるかな?」

二つの条件を理解しているかという課題です。

いきなり、大のコップに置き換えるのではなくて、中のコップに置き換えてから大のコップに置き換えていくやり方で教えていきます。

発問③

「では、『大のコップ』一杯と『中のコップ』二杯を、コップの数が一番多くなるようにしてください」

小のコップを大のコップに移しかえてみましょう。

これは今までの逆です。大きいものから小さいものにするということです。

発問④

「『大のコップ』一杯と『中のコップ』二杯を、コップの数が七杯にするには、どうしたらいいかな？」

今度は回答するべきコップの数が最初から決められています。子どもたちにとっては条件が一つ増えたので難しくなります。

このようにいろいろと言い回しを変えて、様々な発問をしていきます。

繰り返し発問をし、様々な問題を出して、数の置換がしっかり身につくところまでやっていきます。

大のコップ１杯と中のコップ２杯をコップが一番多くなるようにしてください。

そして、ここからがいよいよ本題です。次のような課題をやります。

発問⑤

「上と下、どちらがジュースの量が多いですか？　または同じですか？　何杯分多いですか？」

これは皆さんも考えてみてください。どのように考えますか？

この課題はA君とB君がやりましたが、考え方が異なっていて、非常に興味深かったです。

【A君の考え方】

上のコップと下のコップで同じもの同士を線で消していく

コップの数を７杯にするにはどうすればいいかな？

やり方（実際の授業では、同じコップ同士をどかせていきました）

【B君の考え方】

小さいコップを「1」と考え、上のコップ群を小さいコップ一五杯分、下のコップ群を小さいコップ一四杯分としました。

この問題に関しては、どのやり方が正しいというのはないですが、B君の考え方は非常にスマートだと思いませんか？　B君は、「比較するには、このように数に置き換えてやればいいのだ！」と気がついたところが素晴らしいと思います。

「小さいコップを1とすれば、中のコップは2だし、大のコップは4だから、いろいろなコップが並んでいてわかりづらいけれど、簡単にできるんじゃない

上と下どちらの方がジュースが入りますか？　何杯分多いですか？

か」と気がつくということ、これはある種「ひらめき」みたいなものですので、転換的思考になるわけです。

このような**数の置換は**、小学校に入ってからも大切になります。

と言いますのは、東京英才学院では小学生・中学生・高校生向けの学習塾もやっているのですが、そちらでは知能教育と違って普通の学習塾ですけれども、小学校二、三、四年生くらいで徐々に分数を習うこととなります。その時に子どもたちに、「このリンゴは一個ですね。このリンゴは1／2個ですね」と説明しても、中には、「先生（半分のリンゴを指差して）、これは一個だよ。小さくても一個は一個だよ」と言ってなかなか理解できないお子さまもいるのです。「（一個のリンゴを指差して）このリンゴを一個としたら、（半分のリンゴを指差し）こちらのリンゴは1／2でしょ」と説明をしますが、分数を教わる小学三年生になっても、「数というのは、そこに一個あれば1なんだ！」という考え方しかできずに過ごしてしまったら、分数を理解するのは難しいと思います。

今回のコップの課題の考え方は、分数の考え方と同じであると言えます。小のコップを1と考えたら、大は4になる。大のコップはここに一個しかないけれど、それを4と数える。この考え方はまさに分数の考え方と一緒です。

「数には、こんな使い方もあるんだ」ということを幼児期に学んでおくことは大切であると言えるわけです。**本当の幼児教育とは、幼児期（二歳～年長児）に分数を教えるような先取り学習（読み書き計算）ではなく、「今まさに、この幼児期にやらなくてはいけない教育。その年齢にあった教育」**だと思います。そしてそれが「知能教育」であると思います。

「何リットルの水かな？」の課題の知能因子

ではこの教材が、どの知能因子を刺激したか（知能因子論）を見ていきましょう。

①「中のコップ二杯を、大のコップ一杯に移し替えることができる」という約束

これを子どもたちが理解できること。これ自体がわからない場合もありますから、これは外部の情報を正しく受け取れる能力ということで「受容的思考」の養成になります。

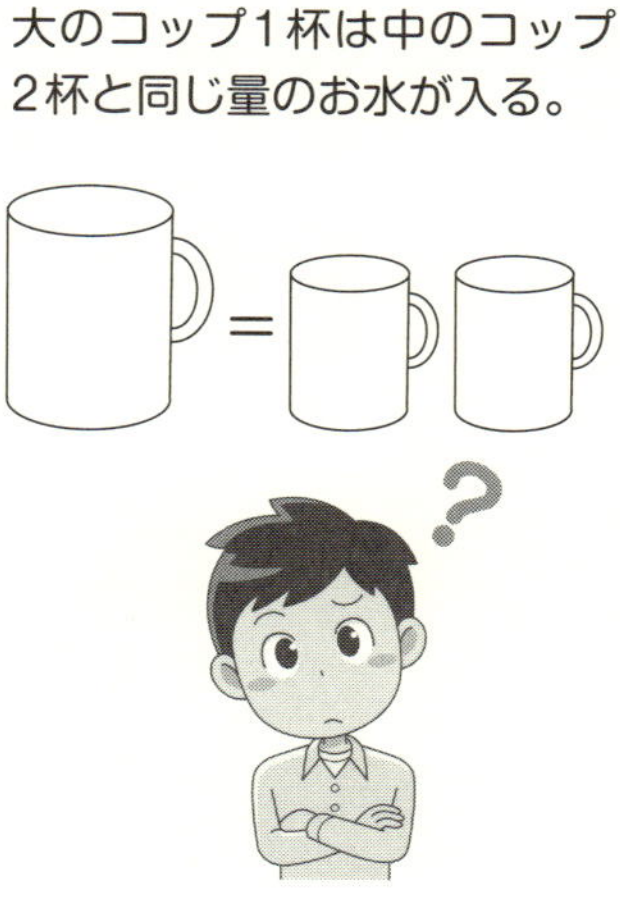
大のコップ1杯は中のコップ2杯と同じ量のお水が入る。

②「小のコップ二杯を、中のコップ一杯に置き換えられる」という条件と「中のコップ二杯を、大のコップ一杯に置き換えられる」という条件

大のコップ1杯は中のコップ
2杯と同じ量のお水が入る。

中のコップ1杯は小のコップ
2杯と同じ量のお水が入る。

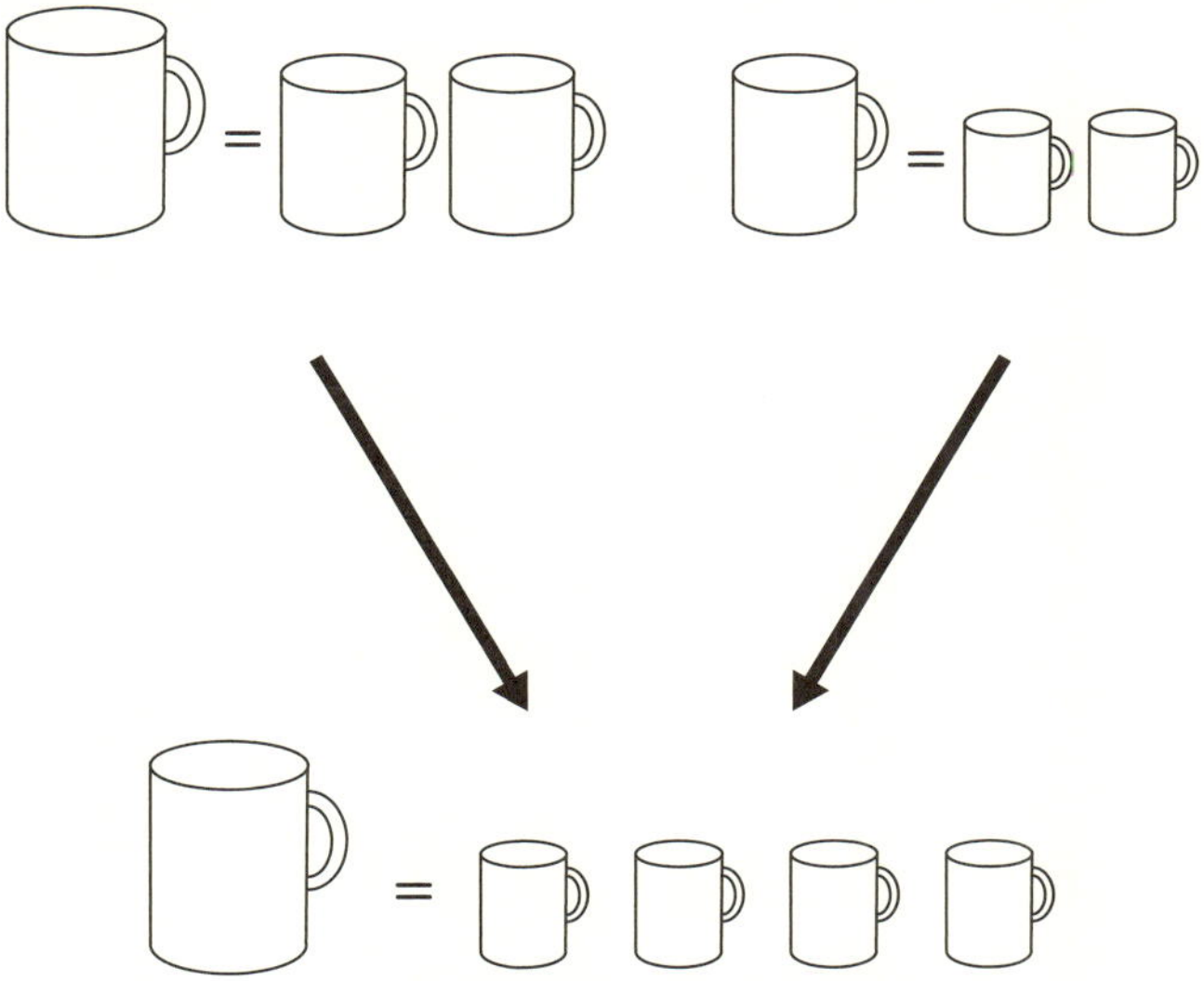

大のコップ1杯は小のコップ4杯と
同じ量のお水が入る。

こういった二つ以上の条件から、「ゆえに、小のコップ四杯は、大のコップ一杯に置き換えられる」という結論を導き出すのは「集中的思考」の養成になります。

③数というのは、そこに一つあれば今までは1と数えてきたけれども、そこにあるのが1ではなくても、小コップ四杯を大コップ一杯と数えたり、大コップ一杯しかないのに小コップで四杯分と数えたりするなど、「数にはそのような性質、使い方がある」と気がつく。「比較するにはそういうやり方があると気がつく」というのは、「ひらめき」みたいなものですから、ある事柄を別の方面から見直す能力ということで「転換的思考」の養成ということになるわけです。

「数の置換」の課題は、幼児にとっては非常に難しい課題です。無理をせず楽しみながらやりましょう。

第10章 どんな教材があるの？ 問題例

図形①

真ん中にリンゴがあります。リンゴが隠れないように下の黒カードを置いてマス目をうめましょう。

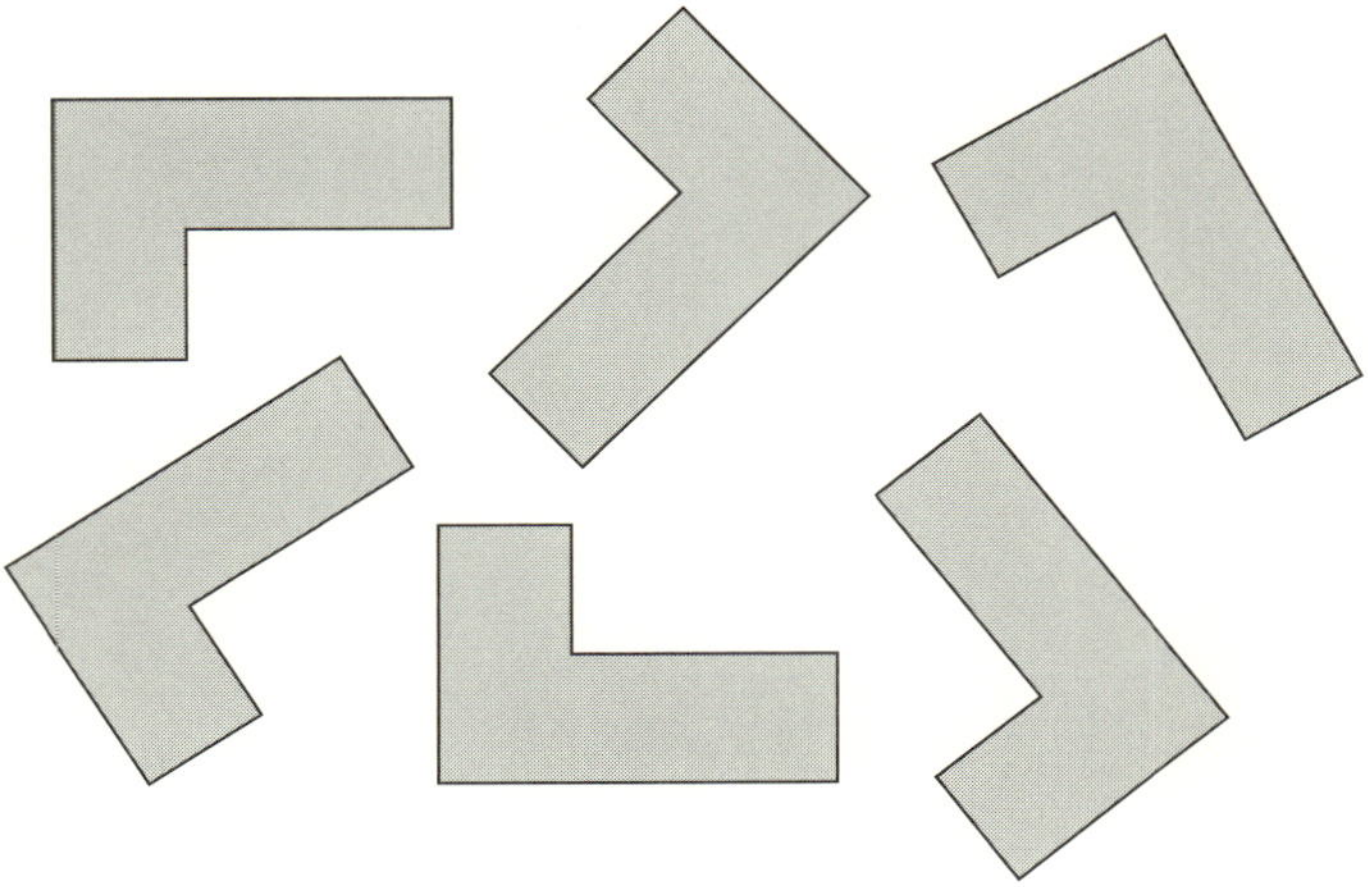

図形②

点線のところで折り紙を折りました。開いたらどんな線があるでしょう。下の折り紙に線を書き入れましょう。

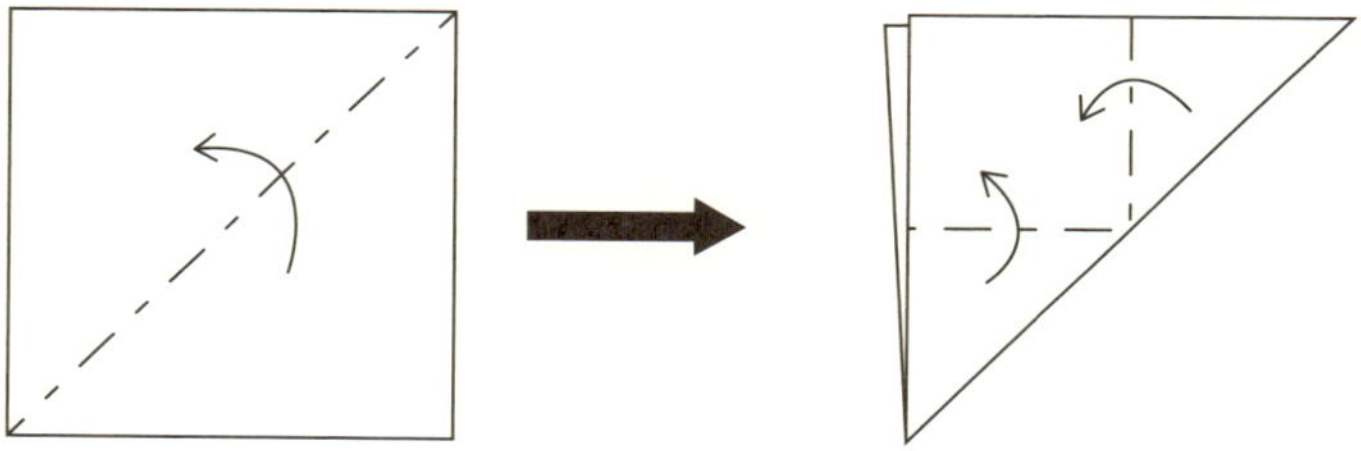

図 形 ③

積木を２個動かして下の形を作りましょう。

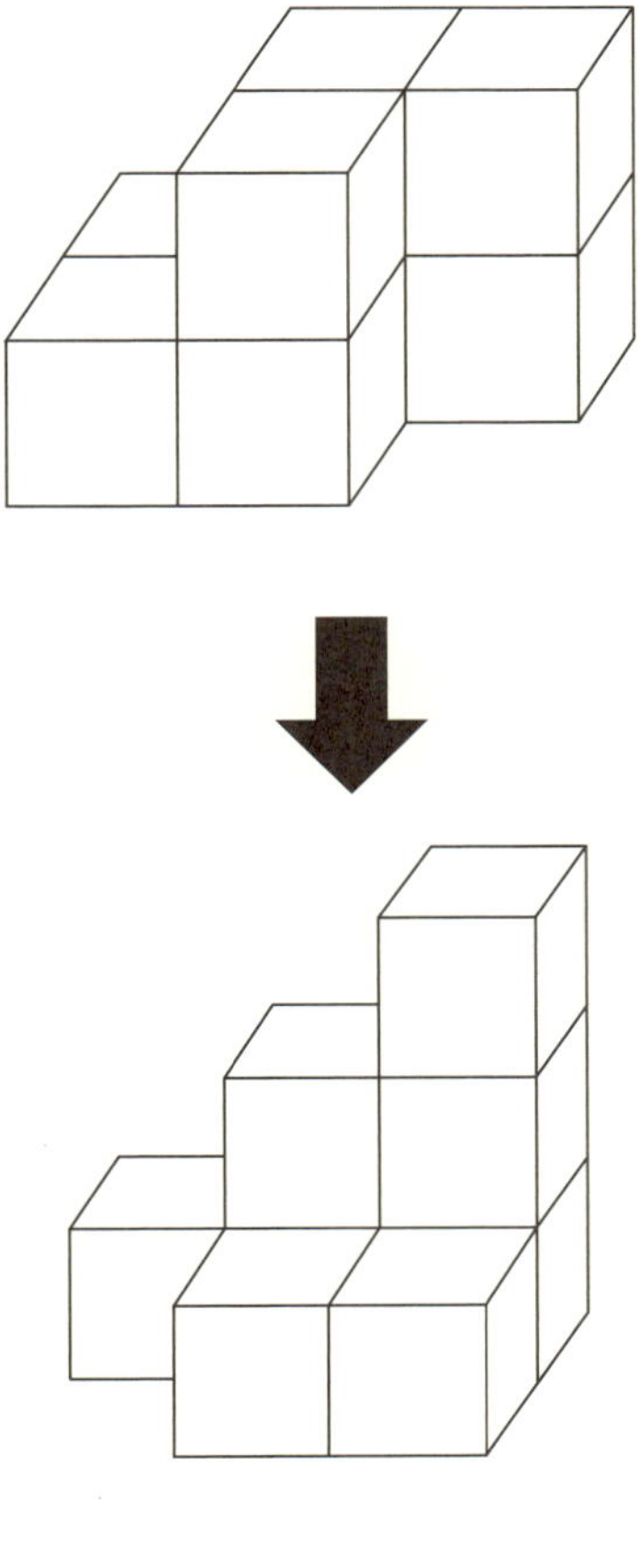

記号①

ある約束で形が並んでいます。空いているところにはどんな形が入るでしょうか？

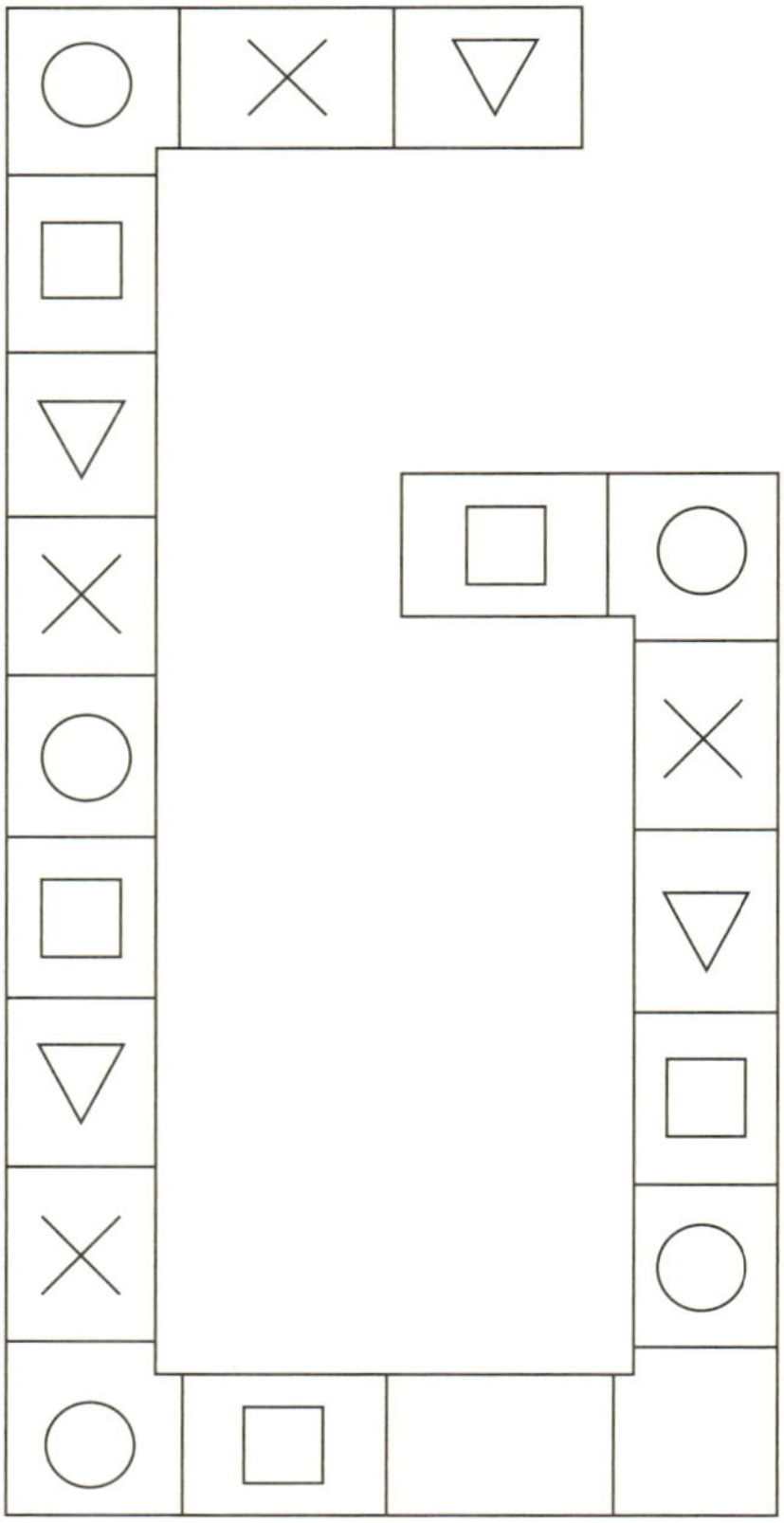

記号②

動物たちがシーソーに乗っています。一番重たい動物に◯、一番軽い動物に×をつけましょう。

記号③

観覧車に動物たちが乗っています。矢印（→）の方向に回ったら□・△・×のところにはどの動物が乗っているでしょうか？　右から選びましょう。

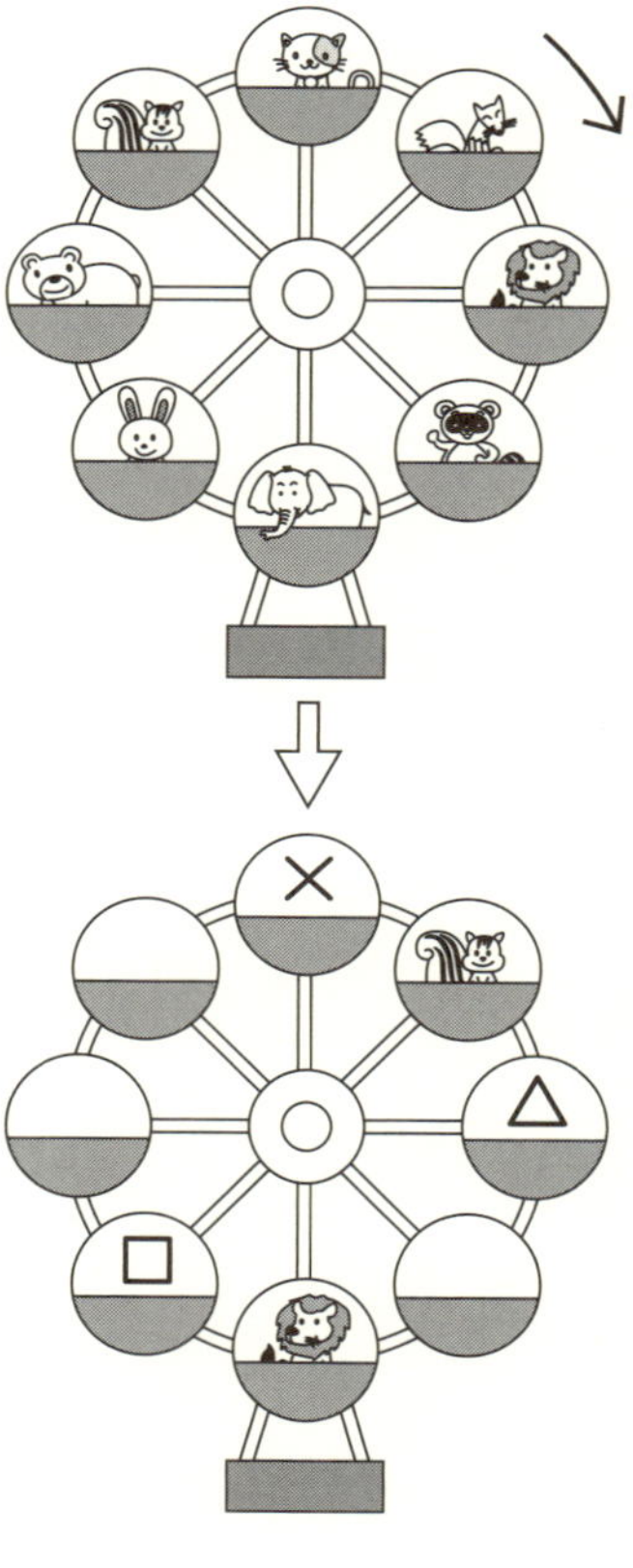

概念①

絵がバラバラに並んでいます。お話の順番になるように4枚の絵を並び替えましょう。1番目だと思う絵には○を1つ、2番目だと思う絵に○を2つ、3番目だと思う絵には○を3つ、4番目だと思う絵には○を4つ、絵の下に書きましょう。

概 念 ②

上の3つの絵で、名前の一番初めの音をつなげてできるものを下から選びましょう。

概念③

上の絵の季節と関係する絵を下から2つ選びましょう。

解答

図形①

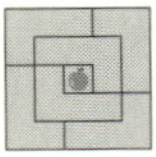

記号①

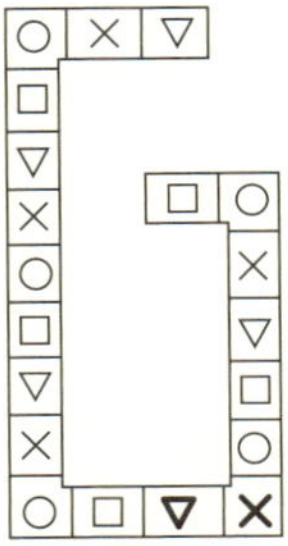

図形②

図形③

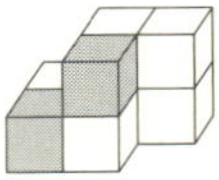

記号②

重い

軽い

記号③

概念①

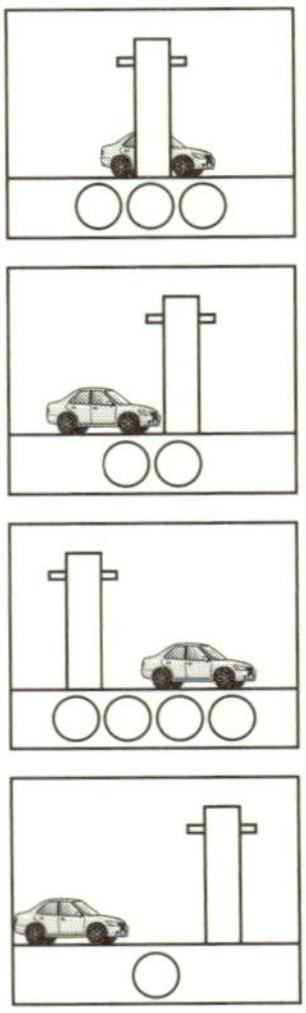

概念②

概念③

おわりに

お読みいただきありがとうございます。今回、初めて本を書きました。読みづらいところが多々あったと思います。そうした中、お読みいただきありがたいです。

私は代表取締役ですが、やはり現場で子どもたちと接したり、保護者の方と話すのが大好きで、今でも教室に常駐しています。保護者の方の「我が子の力を伸ばしたい」という思いがひしひしと伝わってきます。その時は、実際のお子さまの様子も見ているので、「みゆきちゃんには、数はまずは4までを確実に理解させてから進めるのがいいんじゃないですかね」など、その子その子に合わせた提案をしたりしています。

こうやって口頭で伝えるのも良いけれど、文章に記していろんな保護者の方に活用してもらいたいと思ったのが、今回本を作ったきっかけです。あとは、自分自身、ケースバイケースで提案していたことを、体系立てて、学年別、分野別にまとめてみようと思ったのも理由の一つです。

教室にいると、子どもたちの笑い声や感嘆の声が聞こえてきます。そうした声を聞いていると、こちらも何だか嬉しい気持ちになるものです。二歳から通っている子が小学生・中学生になっても通ってくれていると、親のような気持ちになってしまいます。
子どもたちは本当に無限の可能性を持っています。ちょっとした一言が子どもたちに自信を与え、次なるステージへ引き上げてくれます。「楽しみながら知能を伸ばす！」を忘れず、無理強いせず、遊びの中で、子どもたちの「考える力」を伸ばしていただければと思いますし、本書を少しでも参考にしていただけたら幸いです。

二〇一七年一月

市川　創

著者プロフィール

市川 創（いちかわ そう）

株式会社東京英才学院 代表取締役。

株式会社知研 代表取締役。

1970年生まれ。東京都出身。青山学院大学卒業。大学では経営学を専攻。

卒業後は社会人経験を積むため、一般企業へ就職。約10年にわたって働いた後、2005年、父が興した有限会社吉祥寺教育センターへ就職。知能教育を体系化させ、授業カリキュラムを確立。また、幼稚園・小学校受験の合格実績を徐々に重ねていき、生徒数が増加。小中高生向け個別指導塾においても経営改革に力を注ぎ、塾を活性化。

2012年に国分寺教室を開設後、株式会社東京英才学院へ改組。現在では、吉祥寺、国分寺、八王子に3教室構え、経営面だけでなく、保護者対応や教材開発、講演会なども行っている。

6歳までに知能を伸ばす方法

2017年３月15日　初版第１刷発行
2017年３月20日　初版第２刷発行

著　者　市川 創
発行者　瓜谷 綱延
発行所　株式会社文芸社
〒160-0022　東京都新宿区新宿1－10－1
電話　03-5369-3060（代表）
03-5369-2299（販売）

印刷所　株式会社フクイン

ISBN978-4-286-18243-8